V&R

Daniela Dujmić-Erbe

Der VerständigungsWürfel

Gesprächsvorbereitung, Entscheidungsfindung, Konfliktprophylaxe

Vandenhoeck & Ruprecht

Mit 23 Abbildungen

Bibliografische Information der Deutschen Nationalbibliothek

Die Deutsche Nationalbibliothek verzeichnet diese Publikation in der Deutschen Nationalbibliografie; detaillierte bibliografische Daten sind im Internet über http://dnb.d-nb.de abrufbar.

ISBN 978-3-525-40362-4

Umschlagabbildung: Inka Reiter, Konstanz

Satz: SchwabScantechnik, Göttingen
Umschlag: SchwabScantechnik, Göttingen
Druck und Bindung: ⊕ Hubert & Co., Göttingen

Gedruckt auf alterungsbeständigem Papier.

Inhalt

Teil B: Anwendungsfelder für den VerständigungsWürfel

Geleitwort

Der Lehrer freut sich immer, wenn eine Schülerin, ein Schüler, etwas Eigenes anfängt mit dem, was sie oder er aufgenommen hat. Den Nektar kann man saugen, aber den Honig muss man selbst daraus machen. Frau Dr. Dujmić-Erbe fügt unsere Hamburger Kommunikationspsychologie mit der Klärungshilfe von Christoph Thomann zusammen. Aus dem Kommunikationsquadrat wird ein Verständigungswürfel mit sechs Außen- und Innenseiten. Es ist also einiges hineingepackt – und es wird sich für den Leser, die Leserin lohnen, auszupacken! Schließlich geht es um gelungene Verständigung – ein menschliches Projekt für jedermann und zugleich ein Menschheitsprojekt, mit dem alles steht und fällt.

Prof. Dr. Friedemann Schulz von Thun

Vorwort

Das Zeitalter des Internets wird bestimmt durch Massenkommunikation. Von überall in der Welt und rund um die Uhr schicken Menschen Nachrichten um den Erdball oder stellen Daten und Informationen ins Netz. E-Mails und SMS überfluten die Leitungen, millionenfach werden jeden Tag Anrufbeantworter besprochen, es wird gechattet, getwittert und gebloggt. Doch wie ist es – bei allen diesen Möglichkeiten zu kommunizieren – um die Verständigung bestellt? Wie oft bleiben E-Mails, SMS und Nachrichten im Speicher unbeantwortet und Websites ungelesen, wie oft bleiben Blogs auf Grüppchen einiger Interessierter beschränkt, weil die Adressaten sich nicht angesprochen fühlen und gar nicht erkennen, worum es den Akteuren des Web 2.0, 3.0 und der Social Networks wirklich geht.

Neue Kommunikationsplattformen erheben den Anspruch, Menschen rund um den Globus im gemeinsamen Informations- und Wissensaustausch zu vereinen. Doch die Verständigungskompetenz der Akteure ist optimierbar. In Unternehmen, öffentlichen Institutionen und Verbänden geht ein beträchtlicher Teil der produktiven Energien durch Missverständnisse und Konflikte als Folge unzureichender Kommunikation verloren. Das kostet Zeit und Geld. Im schlimmsten Fall kostet es die Akteure auch ein Stück Lebensfreude und ihre Gesundheit. Höchste Zeit also, sich um eine gute Verständigung zu kümmern.

Kommunikation ist als Beziehungsangebot zu verstehen. Verständigung geht weit über dieses Angebot hinaus und ist im besten Fall ein friedlicher Ausgleich unterschiedlicher Interessen. Sie setzt eine Klärung aller im Verständigungsprozess vertretenen Standpunkte voraus. Verständigung ist überall dort gefragt, wo Menschen mit unterschiedlichen Positionen gemeinsame Ziele definieren und dann auch umsetzen wollen – in Geschäftsbeziehungen ebenso wie in Partnerschaft und Familie. Um in diesem Sinne ein Verständigungsmanagement zu ermöglichen, das auf einer ziel- und konsensorientierten Kommunikation gründet, habe ich den VerständigungsWürfel entwickelt. Dieser macht Kommunikation nicht nur beschreibbar, sondern – wie Friedemann Schulz von Thun dazu feststellte – zudem im Hinblick auf ein Ziel gestaltbar.

Der VerständigungsWürfel ist vom Kommunikationsquadrat von Prof. Dr. Friedemann Schulz von Thun abgeleitet (vgl. Sonderausgabe Bd. 1–3, 2008a–c) und von der Klärungshilfe nach Dr. Christoph Thomann inspiriert (vgl. Bd. 1–3: Thomann u. Schulz von Thun, 2007; Thomann, 2008; Thomann u. Prior, 2007). Auch den Werken von Prof. Dr. Rainer Christian Weisbach (2008, 2004) verdanke ich bei der Entwicklung meines Konzepts zum Verständigungsmanagement wertvolle Anregungen.

Ausdrücklich erwähnt sei an dieser Stelle, dass es sich bei diesem Buch um eine Anleitung zum Verständigungsmanagement durch Gebrauch des VerständigungsWürfels handelt und weniger um ein wissenschaftliches Fachbuch. Zur vertiefenden Grundlagenbeschäftigung sei daher auf die Werke der genannten Autoren verwiesen. Auch einige der im Buch verwendeten Begriffe habe ich bei ihnen entlehnt, definiere sie jedoch in Nuancen anders, so dass sich zum Vergleich das angefügte Glossar anbietet.

Dieses Buch soll den Nutzer des VerständigungsWürfels mit grundlegenden Anwendungsmöglichkeiten vertraut machen und ihn im Alltag begleiten. Es ist für all diejenigen gedacht, die in ihrer beruflichen Praxis und auch privat ihre Verständigungskompetenz verbessern wollen. Für sie ist vor allen Dingen Teil A nützlich und jene Übungen in Teil B, für die Lösungsvorschläge angeführt sind (vgl. Teil B, Kapitel 1); in Teil B außerdem die Kapitel zur Entscheidungsfindung sowie zum Ansprechen und Lösen von Konflikten.

Trainern, Coaches und Lehrern bietet der VerständigungsWürfel als dreidimensionale Checkliste zur Verständigung neue Möglichkeiten der interaktiven Vermittlung von Grundprinzipien einer Kommunikation, die darauf ausgerichtet ist, eigene Ziele und zugleich einen Konsens mit dem Gesprächspartner zu erreichen. Ihnen bietet das vorliegende Buch in Teil A das Basiswissen rund um den VerständigungsWürfel, in Teil B einen Fundus an praktischen Übungen für ihr Seminar – inklusive eines Vorschlags für einen Seminarablauf – sowie eine Coachinganleitung, um beispielsweise Entscheidungsprozesse zu unterstützen.

Wer als Nutzer der Systematik des VerständigungsWürfels folgt, erlangt mehr Klarheit in der Formulierung und Präsentation seiner Anliegen. Zugleich unterstützt der VerständigungsWürfel den Nutzer darin, dem anderen wertschätzend, also mit Wohlwollen und Respekt gegenüberzutreten. Kommunikation wird als dialogischer Prozess im wahrsten Sinne des Wortes begreifbar. So hilft der Würfel, den Weg zum gemeinsamen Ziel zu gestalten. Wer ihn darüber hinaus in Seminaren einsetzt, wird es rasch schätzen lernen, dass er nicht mehr eine Fülle verschiedener Modelle heranziehen muss, um bestimmte Kommunikationsregeln, -empfehlungen und -techniken zu vermitteln. Vielmehr kann er mit dem VerständigungsWürfel als »All-in-one-Instrument« die gebräuchlichsten Standardtechniken praktisch und anschaulich üben, wie Feedback, konstruktive Kritik und aktives Zuhören. Dabei sind die Vorschläge zur systematischen Anwendung des Würfels als Orientierungshinweise und nicht dogmatisch zu verstehen. Kommunikation ist ein lebendiger Prozess, und so manche Regel zur Verständigung kann in der Praxis auch variiert werden und gleichwohl zu einem guten Ergebnis führen. Entscheidend ist oft weniger die Regel selbst als vielmehr die Haltung unserem Gesprächspartner gegenüber – besonders dann, wenn unterschiedliche Wertewelten aufeinandertreffen.

Der VerständigungsWürfel sowie dieses Begleitbuch dazu sind zudem das Ergebnis meiner persönlichen Erfahrungen im Zusammenhang mit einer Reihe von Verständigungsthemen, die mich mein Leben lang begleitet haben. Geprägt haben mich dabei die Spannungsfelder zwischen unterschiedlichen Kulturen (deutsch-kroatisch) sowie zwischen Hierarchiestufen, in die ich als Angestellte eingebunden war.

Mein Leben ist – wie das aller anderen Menschen – nicht konfliktfrei. Doch ich erlebe Konflikte, in die ich in familiären, freundschaftlichen und beruflichen Beziehungen verstrickt war und in die ich auch heute noch gelegentlich hineingerate, in der rückblickenden Analyse meist in vielschichtiger Hinsicht als lehrreich. Sie können bei selbstkritischer Betrachtung eigene wunde Punkte ans Tageslicht bringen. Diese gehen häufig auf frühkindliche Verletzungen zurück, die andere Personen in Konfliktsituationen oft unbewusst antriggern. Konflikte sind folglich ein Spiegel der Selbsterkenntnis und ein Wegweiser zur persönlichen Entwicklung.

Andererseits lehren mich Konflikte immer wieder zu unterscheiden, wann und mit wem eine Verständigung aussichtsreich ist – nämlich dann, wenn zur eigenen Kooperationsbereitschaft die des Gesprächspartners hinzukommt. Erst wenn beide Gesprächspartner im Lauf des Gesprächs erkennen lassen, dass sie bereit sind, statt auf ihrem Standpunkt zu beharren, die Interessen des anderen zumindest zu verstehen und bestenfalls auch aufeinander einzugehen, kann ein Dialog einen konstruktiven Charakter annehmen. Und weil dies leichter gesagt als getan ist, soll dieses Buch Unterstützung hierbei bieten. Die darin zusammengefassten Hinweise zur optimierten Verständigung stellen auch eine Zusammenfassung all dessen dar, was ich dazu im praktischen Leben selbst erfahren habe.

Inspiriert wurde dieses Begleitbuch überdies durch die Kunden, Seminarteilnehmer und Coachees, die mir als Kommunikationsberaterin und -trainerin ihr Vertrauen schenken, sowie von den Studierenden meiner Lehrveranstaltungen an der Universität Konstanz. Dem Austausch mit Berater- und Trainerkollegen verdanke ich ebenfalls wichtige Anregungen. Durch die Fallbeispiele, die meine Seminarteilnehmer zu Übungszwecken zur Verfügung stellen und durch die Ideen aller Genannten ist der VerständigungsWürfel für mich mehr geworden als nur ein Schulungsinstrument. Er ist ein Forschungsprojekt, das mir erlaubt, meine eigene Trainingsmethode immer wieder auf den Prüfstand zu stellen, zu verfeinern und weiterzuentwickeln. Ihnen allen ist dieses Buch als Ergänzung zum VerständigungsWürfel gewidmet. Aus ganz praktischen Gründen sollte der Würfel bei der Arbeit mit dem Buch stets zusammengebaut zur Hand sein.

Ihnen sowie allen Nutzern wünsche ich beim Lesen so viel Vergnügen wie sie eine Gebrauchsanleitung bestenfalls bieten kann – und natürlich viel Erfolg bei der praktischen Verständigung!

Teil A:
Anleitung zu einer ziel- und konsensorientierten Kommunikation

1 Einführung: Verständigung – oder gemeinsam erfolgreich Ziele umsetzen

Ohne Verständigung gibt es weder Gemeinschaft noch Geschäftsabschlüsse. Das heißt mitnichten, dass man mit allen Menschen und zu jeder Zeit eine Verständigung wollen muss. Es kann durchaus legitim sein, darauf keinen Wert zu legen, wenn wir beispielsweise die Werte unserer Mitmenschen nicht teilen oder wenn sich diese uns gegenüber – aus welchen Gründen auch immer – nur wenig wohlwollend zeigen. In zahlreichen Situationen allerdings ist Verständigung unabdingbar: am Arbeitsplatz, wo wir uns unsere Kollegen meist nicht aussuchen können, und in allen Geschäftsbeziehungen, innerhalb derer wir uns gegebenenfalls vertraglich einigen müssen. Auch in privaten Situationen ist Verständigung gefragt – weil man sich zum Beispiel von einem Partner oder einer Partnerin nicht gleich trennt, bloß weil man in manchen Dingen unterschiedlicher Meinung ist. Diese Unterschiedlichkeit darf sein!

Ist allerdings eine gemeinsame Entscheidung oder Vorgehensweise gefragt und geht es darum, zusammen ein Projekt zu verwirklichen, dann gilt es, die Unterschiedlichkeit zu akzeptieren und Gemeinsamkeiten im Hinblick auf ein beiderseitig anerkanntes Ziel zu definieren. Dieses Verständigungsziel kann beispielsweise durch den Chef vorgegeben sein oder von einem der Gesprächspartner angeregt werden – zum Beispiel ein Terminvorschlag; oder die Gesprächspartner legen das Ziel im Laufe des Verständigungsprozesses gemeinsam fest, wie etwa in Auftragsklärungsgesprächen. Um Klarheit über das angestrebte Ziel zu erlangen, müssen wir zunächst die unterschiedlichen Positionen definieren, bei Bedarf klären und miteinander abgleichen, um schließlich eine Übereinkunft zu treffen.

Kommuniziert wird heutzutage fast immer und überall. Verständigung kommt jedoch nur dort in Gang, wo mir mein Gegenüber eine Rückmeldung gibt, die mich zur Fortführung des Dialogs einlädt. Bei dem Begriff »Kommunikation« handelt es sich um ein Beziehungsangebot, das durchaus lediglich in eine Richtung gehen kann – beispielsweise wenn ich Informationen, Newsletter und Werbematerial versende oder jemandem eine Nachricht auf dem Anrufbeantworter hinterlasse. Verständigung hingegen braucht eine Reaktion des Gegenübers, etwa indem der andere mir auf meine Nachricht antwortet und zu erkennen gibt, dass er auf meine Initiative eingehen und mit mir in Beziehung treten will. Verständigung ist ein dialogischer Zielfindungsprozess und Feedback ist eine der zentralen Gesprächstechniken.

Im besten Fall tauschen wir Informationen und Feedback so lange aus, bis wir nicht nur auf der sachlichen Ebene eine Übereinkunft gefunden haben, sondern auch eine emotionale Einigung erfolgt. Wenn bei beiden Gesprächspartnern mit den getroffenen Vereinbarungen ein gutes Gefühl einhergeht, scheint mir das Wort Verständigung angebracht. Der Begriff erfasst sowohl die rationale als auch die emotionale Ebene der Kommunikation. Kennzeichen einer Verständigung als Ergebnis eines Verständigungsprozesses oder Positionsabgleichs ist ein rational-emotionales Gleichgewicht. Dies betrifft sowohl die jeweils beteiligten Personen selbst als auch die Beziehungsebene zwischen den Beteiligten. Das unterscheidet die Verständigung vom Kompromiss und erst recht vom »faulen Kompromiss«, bei dem wir uns rein vom Verstand her auf etwas einlassen, was unserem Gefühl widerspricht und einen schalen Nachgeschmack verursacht.

Verständigung wird von allen Beteiligten in der Sache als stimmig und auf der emotionalen Ebene als ausgleichend und friedvoll empfunden, insofern ist sie gleichbedeutend mit einem Konsens. Ist eine Verständigung erzielt, so sind die wichtigsten offenen Fragen geklärt. Keine der beteiligten Parteien hat das Gefühl, dass der andere ihr noch etwas schuldig ist oder dass etwas Bedeutsames nicht angesprochen wurde. Missverständnisse und gegebenenfalls auch Misstrauen sind ausgeräumt. Alles ist geklärt und im beiderseitigen Einvernehmen geregelt – ob es sich um eine private Verabredung handelt oder um einen Geschäftsabschluss, um einen gemeinsamen Kinobesuch oder um eine Gehaltsverhandlung.

Verständigung ist das Ergebnis eines Klärungsprozesses, der darauf angelegt ist, den anderen zu verstehen. Das bedeutet nicht, dass man dem anderen auch zustimmt. Allerdings ist das Verstehen Grundlage für Verständnis, ohne das es keine Verständigung geben kann. Das Bemühen, den anderen zu verstehen, indem ich seine Perspektive einzunehmen und seine Gedanken und Gefühle nachzuvollziehen versuche, schafft im Verständigungsprozess Verbindung und Vertrauen. Verständnis allein reicht jedoch nicht aus. Erst wenn die Kooperationsbereitschaft beider Partner hinzukommt, werden sie auch eine Übereinkunft zum beidseitigen Nutzen miteinander treffen können.

Der VerständigungsWürfel unterstützt das Erreichen einer solchen Win-win-Situation. Er ist als dreidimensionale Checkliste auf dem Weg zur Verständigung zu verstehen – im Beruf genauso wie privat. Der VerständigungsWürfel kann eine Verständigung nicht garantieren. Doch kann der versierte Umgang mit dem VerständigungsWürfel den Nutzer dazu anleiten, sein eigenes Anliegen von Grund auf zu durchdringen und somit mehr Sicherheit und Klarheit zu erlangen. Erst dann kann er den eigenen Standpunkt ziel- und zugleich konsensorientiert mit Rücksicht auf den anderen vermitteln. Insofern dient der VerständigungsWürfel dazu, Entscheidungen zu treffen, Gespräche vorzubereiten und zu führen sowie Konflikten vorzubeugen.

2 Rund um den VerständigungsWürfel: Auf jede Frage eine Antwort

2.1 Wo wird der VerständigungsWürfel eingesetzt?

Der VerständigungsWürfel kann in allen Situationen eingesetzt werden, in denen es darum geht, mit einem anderen – so fremd seine Ansichten auch sein mögen – einen gemeinsamen Nenner zu finden und eine Verständigung zu erreichen:

- bei der Vorbereitung von Kunden-, Klienten- oder Mitarbeitergesprächen, in denen man sich mit einem Gegenüber auf ein Projektziel einigen muss und will.
- dort, wo privat etwas zu klären ist, beispielsweise bei gemeinsamen Entscheidungen über das Ferienziel, über eine bestimmte Anschaffung oder die künftige Schule für die Kinder oder wenn es gar um die Kinderfrage selbst geht.
- in Coachinggesprächen, in denen der Berater den Selbstklärungsprozess eines Klienten unterstützen und ihn zu einer eigenständigen Positionsbestimmung hinführen will.
- in Konfliktsituationen, um ein Gespräch in die Wege zu leiten und zu führen, das den Konflikt lösen kann.

2.2 Was bewirkt der VerständigungsWürfel?

Der VerständigungsWürfel ist eine dreidimensionale Checkliste, die den Nutzer in Form eines Coachingprozesses bis zur Verständigung leitet.

- Er dient der Selbstklärung, der Positionsbestimmung und der Entscheidungsfindung.

- Er hilft, eindeutig Stellung zu beziehen und Klartext zu reden.
- Er ist die Grundlage, um erfolgreich Dialoge zu führen.
- Er ermöglicht es, potenzielle Konflikte rechtzeitig zu erkennen sowie bestehende Konflikte zu besprechen.

2.3 Weshalb ist der VerständigungsWürfel ein Würfel?

Der VerständigungsWürfel ist abgeleitet vom Kommunikationsquadrat, das Friedemann Schulz von Thun bereits in den 1980er Jahren entwickelte, um modellhaft zu beschreiben, wie Kommunikation funktioniert und weshalb sie zuweilen nicht funktioniert.

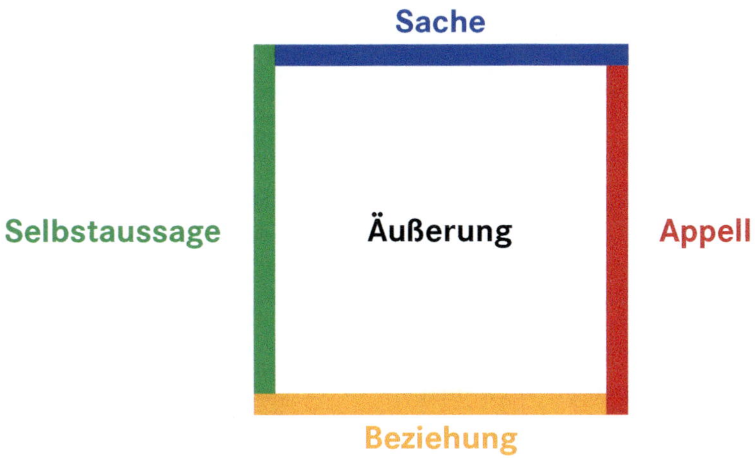

Abbildung 1: Das Kommunikationsquadrat von Friedemann Schulz von Thun (vgl. Schulz von Thun, 2008a, S. 14)

Die vier Seiten des Kommunikationsquadrats zeigen uns, wie Missverständnisse entstehen können, indem der Empfänger einer Aussage die Botschaft völlig anders interpretiert, als sie vom Sender gemeint war. So kann eine sachlich gemeinte Aussage vom Empfänger als Kritik aufgefasst werden, wenn er sie mit seinem »Beziehungsohr« hört, sich also auf der Beziehungsebene angesprochen fühlt. Einer der berühmten Beispielsätze von Schulz von Thun lautet: »Du, da vorne ist grün!«, aus dem ein Konflikt entstehen kann, wenn der Empfänger den Satz als Kritik an seinem Fahrstil und somit als persönlichen Angriff auf der Beziehungsseite begreift (vgl. Schulz von Thun, 2008a, S. 31 ff.).

Mit dem Ziel der Verständigung kommt eine neue, dritte Dimension ins Spiel. Wenn Kommunikation – zweidimensional im Kommunikationsquadrat – zielorientiert und konsensgerichtet erfolgen soll, kommt sie in Bewegung. Dieser Prozess hat einen Ausgangspunkt und ein Ziel, und dazwischen verläuft sie recht dynamisch. Diese Dynamik ist mit einem Vektor darstellbar. So entsteht aus Schulz von Thuns Kommunikationsquadrat ein dreidimensionales Gebilde: der VerständigungsWürfel.

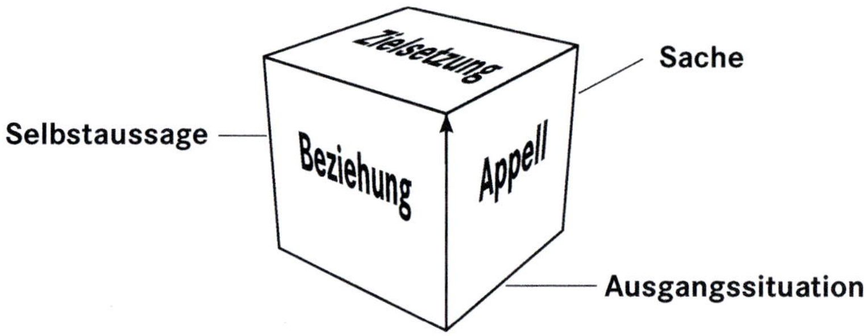

Abbildung 2: Weiterentwicklung des Kommunikationsquadrats zum Verständigungs-Würfel

Die Grundfläche des Würfels steht für die Ausgangslage, der Deckel für das Ziel: die Verständigung. Die vier Seitenlinien des Kommunikationsquadrats, deren Farben erhalten bleiben, werden zu den farbigen Seitenflächen des VerständigungsWürfels.

2.4

2.4 Wofür steht der VerständigungsWürfel?

Der VerständigungsWürfel steht für den Prozess der Verständigung. Dieser beginnt auf der grauen Basisaußenseite des Würfels mit der Frage »Was ist jetzt meine Wahrheit der Situation?« und endet beim erreichten Ziel der Verständigung auf der weißen Deckelaußenseite des Würfels.

Die Außenseiten des VerständigungsWürfels unterstützen mit ihren Fragen die Kommunikation des Nutzers nach außen. Die Innenseiten unterstützen die »innere Kommunikation« des Nutzers. Mit ihrer Hilfe kann dieser – bevor er beispielsweise eine Entscheidung trifft – in einer Art

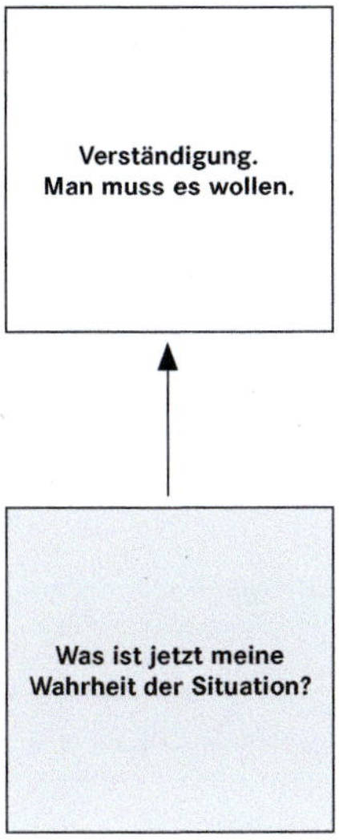

Abbildung 3: Der VerständigungsWürfel beschreibt den Prozess der Verständigung ausgehend von einer bestimmten Ausgangssituation bis hin zum Verständigungsziel

»Selbstverständigung« mit sich ins Reine kommen: Er kann Klarheit über seine Position erlangen, um sie dann nach außen eindeutig und überzeugend vertreten zu können.

2.5 Was bedeuten die Farben des VerständigungsWürfels?

In Anlehnung an das Kommunikationsquadrat von Schulz von Thun stehen die Farben
- Blau für die Sache, um die es im Verständigungsprozess geht;
- Grün für Informationen, die der Nutzer über sich selbst preisgibt;
- Gelb für seine Beziehung zum Verständigungspartner;
- Rot für den Appell, den er an den anderen richtet.

2.6 Weshalb stimmen Innen- und Außenseiten des VerständigungsWürfels jeweils farblich überein?

Kommunikation ist nur dann glaubwürdig und authentisch, wenn das, was ich anderen sage, mit dem übereinstimmt, was ich tatsächlich denke und fühle. Deshalb sind die Farben des VerständigungsWürfels innen und außen jeweils identisch. Das, was ich zur Sache, über mich und über den Verständigungspartner sage, stimmt im Idealfall auch mit dem überein, was ich in der Sache über mich und über den Verständigungspartner denke bzw. was ich für den anderen empfinde; und der Appell, den ich an mein Gegenüber richte, geht im Idealfall einher mit meiner eigenen Bereitschaft, etwas zu geben oder Engagement zu zeigen. Die farbliche Übereinstimmung zwischen den betreffenden Innen- und Außenseiten des Würfels symbolisiert diese Kongruenz.

2.7 Wozu dienen die Fragen, mit denen der VerständigungsWürfel beschriftet ist?

Die Fragen, mit denen die Seiten des VerständigungsWürfels innen und außen beschriftet sind, leiten den Nutzer zu einem (Selbst-)Coachingprozess an. Um Missverständnisse zu vermeiden, also im Interesse von Eindeutigkeit und Klarheit, sollte sich der Nutzer bewusst darüber sein, welche Aussage er zu den unterschiedlichen Seiten bzw. zu den verschiedenen Facetten des VerständigungsWürfels machen will. Im Idealfall sollte ich mir also alle Fragen beantwortet haben, bevor ich mich in das Gespräch mit demjenigen begebe, mit dem ich zu einer Verständigung kommen will.

2.8 In welcher Reihenfolge sind die Fragen zu beantworten?

Der Coachingprozess beginnt auf der grauen Basisaußenseite des VerständigungsWürfels mit der Frage: »Was ist jetzt meine Wahrheit der Situation?« Diese Wahrheit der Situation könnte beispielsweise lauten: »Ich habe demnächst ein Gespräch mit meinem Chef und noch keinen Plan, welche Punkte ich mit ihm besprechen will.« Um Klarheit in dieser Frage zu bekommen und die Ausgangssituation für eine Verständigung bestimmen zu können, ist daher meist noch ein Blick ins Innere des VerständigungsWürfels nötig. Dort beginnt die Innenschau auf der grauen Basisinnenseite mit der Frage »Was ist jetzt meine Motivation für eine Verständigung?« Die Selbstbefragung wird auf der grünen, der blauen, der gelben und der roten Innenseite mit den Fragen »Welche Stimmen melden sich in mir zu dieser

Sache?«, »Was bedeutet mir die Sache?«, »Wie stehe ich zum anderen und zu unserer Beziehung?« und »Was bin ich bereit zu geben?« fortgesetzt. Ist dieser Vorgang im Inneren des VerständigungsWürfels abgeschlossen, kann die eigene Wahrheit der Situation und das eigene Anliegen genauer definiert sowie das Gesprächsziel ins Auge gefasst werden.

Abbildung 4: Die Fragen auf den Innen- und auf den Außenseiten des Verständigungs-Würfels dienen der Selbstbefragung des Nutzers

Für die Selbstbefragung anhand der Außenseiten des VerständigungsWürfels ist keine bestimmte Reihenfolge vorgegeben. Im Gespräch selbst empfiehlt es sich, mit einer positiven Aussage gegenüber dem Gesprächspartner zu beginnen – das heißt mit der Beantwortung der Frage auf der gelben Außenseite des VerständigungsWürfels »Was will ich über den anderen und unsere Beziehung sagen?« – und mit der Äußerung des eigenen Wunsches, der eigenen Erwartungen und Ziele auf der roten Appellseite des Würfels zu enden. Denn eine – ehrlich gemeinte! – wohlwollende Aussage über meinen Gesprächspartner und unsere Beziehung stiftet Vertrauen und bereitet somit einen fruchtbaren Boden für den weiteren Gesprächsverlauf und dafür, dass unser Gesprächspartner auf unseren Appell eingeht.

2.9 Weshalb sind die Antworten auf die Frage »Wie komme ich zur Verständigung« vorgegeben?

Die Antworten auf die Frage »Wie komme ich zur Verständigung?« auf der Deckelinnenseite stellen eine Zusammenfassung von grundlegenden Erkenntnissen aus der Kommunikationspsychologie dar. Sie spiegeln die Lebenserfahrung vieler Menschen wider, wie sie sich beispielsweise in Sprichwörtern und Aphorismen offenbart. Sie dienen mir als Empfehlung für einen erfolgversprechenden Weg, mit meinem Gesprächspartner umzugehen. Wer sich auf Augenhöhe begegnet, kann mit dem anderen zu einer Verständigung gelangen.

2.10 Wie kommt es, dass auf der Deckelaußenseite des VerständigungsWürfels keine Frage gestellt wird?

Die Deckelaußenseite des VerständigungsWürfels symbolisiert das Ergebnis des Verständigungsprozesses: die Verständigung, das heißt ein gemeinsames Ziel oder die Übereinkunft in einer bestimmten Frage. Dieses Ziel kann vorgegeben sein – zum Beispiel eine Projektvorgabe, die von einem Vorgesetzten bestimmt wird. Einer der Gesprächspartner kann ein Verständigungsziel vorschlagen, zum Beispiel eine Vorgehensweise, um eine Projektvorgabe zu erreichen, oder im privaten Bereich ein Wunschreiseziel. Es kann sich im Verlauf eines Verständigungsprozesses auch ein gemeinsames Ziel herauskristallisieren: eine bestimmte Reiseroute bei der Ferienplanung mit der Familie, die Erarbeitung eines Seminarprogramms im Gespräch mit dem Auftraggeber oder die Regelung eines Reklamationsfalles mit einem Kunden. Ist eine Übereinkunft über das Ziel oder über die Vorgehensweise zum Erreichen des Ziels getroffen, dann sind Missverständnisse und offene Punkte (weitgehend) geklärt und es stellen sich keine weiteren Fragen: Der Verständigungsprozess kann als erfolgreich abgeschlossen gesehen werden. Auf dem Deckel des VerständigungsWürfels sind folglich keine weiteren Fragen mehr nötig.

2.11 Wie ist die Aussage auf dem Deckel des VerständigungsWürfels zu verstehen?

»Verständigung. Man muss es wollen.« Das kennt vermutlich jeder aus eigener Erfahrung: Es genügt nicht, wenn nur einem der beiden Gesprächspartner an einer Verständigung gelegen ist, während es dem anderen vor allem darum geht, ohne Rücksicht auf den anderen eigene Interessen durchzusetzen, Recht zu haben oder maximal von einem Geschäft zu profitieren. Voraussetzung ist vielmehr die Bereitschaft der Gesprächspartner, eine Übereinkunft zu treffen, mit der beiden gedient ist und für die beide ihren Einsatz bringen – zum Beispiel Zeit, Aufmerksamkeit, wohlwollende Haltung, finanzielle oder andere materielle Mittel. Verständigung heißt, sich in diesem Sinne gegebenenfalls auch bei unterschiedlicher Interessenlage für ein gemeinsames Ziel zu engagieren, das sich am Ende als Gewinn für beide herausstellt. Ich kann mich also zur Beteiligung an einem weniger lukrativen Geschäft entschließen, wenn ich einen Geschäftspartner unterstützen und langfristig eine gute Geschäftsbeziehung mit ihm pflegen will. Unter finanziellen Gesichtspunkten betrachtet mag das dann ein geringerer Gewinn bei einem vielleicht gar nicht so unerheblichen Einsatz für mich sein. Unter dem Aspekt der Geschäftsbeziehung betrachtet kann es sich langfristig dennoch lohnen, sich mit dem anderen auf ein solches Projekt zu verständigen. Das übergeordnete Kooperations- und Beziehungsinteresse hat Vorrang vor dem unmittelbaren Eigeninteresse. Richtet sich die individuelle Ethik der Beteiligten an unterschiedlichen Wertmaßstäben aus, kann eine Verständigung allein deshalb verhindert werden. In diesem Sinne gilt also: Verständigung. Man muss es wollen.

2.12 Wie können den Fragen auf den farbigen Außenseiten des VerständigungsWürfels musterhafte Beispielsätze zugeordnet werden?

Die Fragen auf den farbigen Außenseiten des VerständigungsWürfels haben bei der Gesprächsvorbereitung und -führung die Funktion einer Anleitung. Die entsprechenden Antworten auf diese Fragen sind den farbigen Außenseiten allerdings nicht immer trennscharf und eindeutig zuzuordnen, auch wenn die Systematik des VerständigungsWürfels dies nahelegt. Manche Antworten können schon allein aufgrund ihrer Länge – und damit ihrer Komplexität – gleich mehrere Seiten des VerständigungsWürfels abdecken. Die Übergänge sind in diesen Fällen also fließend.

Eine Aussage zu einer Sache oder über eine andere Person und unsere Beziehung kann – das zeigte schon Schulz von Thun mit dem Kommunikationsquadrat – auch eine Aussage über mich selbst machen. Es heißt auf dem VerständigungsWürfel schließlich auch »Was will *ich* zur Sache sagen?« und »Was will *ich* über den anderen und unsere Beziehung sagen?« Das erste der folgenden Beispiele ist als eine Sachaussage zu sehen (blau), das zweite als eine Beziehungsaussage (gelb), obwohl darin zweifelsohne auch eine Aussage über mich selbst enthalten ist: »Ich finde das Buch langweilig« und »Es tut mir leid, dass du dich gekränkt fühlst«.

Wenn ich etwas zu einer Sache aussagen will, kann ich wahlweise auch eine sachliche Frage stellen (blau), die aber zugleich Aufforderungscharakter hat: »Was meinst du damit?« oder »Bist du damit einverstanden?«. Je nach Kontext und Funktion der Aussage ist daher vereinzelt eine Zuordnung zu unterschiedlichen Seiten des VerständigungsWürfels ableitbar.

Stelle ich an eine andere Person eine Forderung, die ich mit meinem Eigenengagement in der Sache verbinde, und hole dazu das Einverständnis meines Gesprächspartners ein, dann ordne ich eine solche Aussage der Appellseite des VerständigungsWürfels zu (rot), zum Beispiel: »Ich mache die Küche sauber und du mähst den Rasen. Was hältst du davon?« Schlage ich hingegen eine Problemlösung vor, kann diese – auch wenn sie mit meiner Eigenbeteiligung verknüpft ist – als sachlicher Vorschlag betrachtet werden (blau), wenn keine Forderung an den anderen damit verbunden ist: »Ich mache dir einen Vorschlag: Ich füge morgen die fehlenden Folien in die Präsentation ein, dann brauchst du dich gar nicht mehr darum zu kümmern. Einverstanden?«

Der praktische Nutzen dieser genauen Differenzierung für den Anwender kann wie folgt zusammengefasst werden: Der VerständigungsWürfel entfaltet seine Wirksamkeit und seinen vollständigen Nutzen vor allem dann, wenn sich der Anwender darüber im Klaren ist, ob er sich im Einzelfall für eine Beziehungs-, eine Selbstmitteilungs-, eine Sachaussage oder einen Appell entscheidet. Bei zunehmender Praxis wird der Anwender bei entsprechendem Vorgehen und genauer Beobachtung der Resultate feststellen, dass er bei der anstehenden Entscheidung immer versierter wird und sich seine Unterscheidungsfähigkeit verfeinert. Damit verbessert er seine Verständigungskompetenz.

Die folgenden *Beispiele* sollen die Zuordnung denkbarer Antworten zu den Seiten des VerständigungsWürfels erleichtern.

Was will ich über den anderen und unsere Beziehung sagen?

Beziehungsaussagen, die auf diese Frage eine Antwort geben:

Ich freue mich, dass es dir wieder gut geht.

Ich freue mich für dich.

Es tut mir leid für dich.

Es tut mir leid, dass ich dich gekränkt habe.

Es tut mir leid, dass du dich (von mir) gekränkt fühlst.

Ich bewundere dich sehr für deine Ausdauer.

Du bist sehr tapfer.

Danke, dass du zu meinem Vortrag gekommen bist.

Du kannst mir vertrauen.

Du widersprichst mir ständig.

Du bist die beste Ehefrau, die ich mir vorstellen kann.

Euer Service entspricht nicht meinen Erwartungen.

Du denkst, ich habe den Fehler zu verantworten.

Ich schätze Ihre Genauigkeit bei der Arbeit sehr und ich erkenne darin Ihren hohen Qualitätsanspruch.

Was will ich von mir mitteilen?

Selbstaussagen, die auf diese Frage eine Antwort geben:

Ich freue mich.

Ich freue mich, weil ich im Lotto gewonnen habe.
Es tut mir leid.
Es tut mir leid, dass ich mich verspätet habe.
Ich langweile mich.
Ich kann nichts dafür.
Ich bin unzufrieden mit dem Service.
Ich fühle mich übergangen.

Was will ich zur Sache sagen?
Aussagen, die auf die Frage zur Sache eine Antwort geben:
Das Buch ist langweilig.
Ich finde das Buch langweilig.
Diese Aussage ist richtig.
Das ist falsch.
Die Umfrageergebnisse bestätigen diesen Sachverhalt.
Die Serviceleistungen sind nicht zufriedenstellend.
Was ist mit diesem Satz gemeint?
Wie soll das Wetter werden?
Bist du einverstanden?
Ich mache dir einen Vorschlag: Ich füge morgen die fehlenden Folien in die Präsentation ein, dann brauchst du dich gar nicht mehr darum zu kümmern. Einverstanden?

2.12

Was will ich vom anderen?
Appelle, die auf diese Frage eine Antwort geben:
Ich will, dass du deine Sachen aufräumst.
Ich wünsche mir in dieser Frage mehr Klarheit von dir.
Du musst jetzt endlich mal zu Potte kommen!
Ich erwarte eine schnelle Entscheidung.
Du sollst mir nicht ständig widersprechen!
Ihr müsst euren Service verbessern.
Bitte sag mir, was du davon hältst.
Ich mache die Küche sauber und du mähst den Rasen. Was hältst du davon?
Entschuldigen Sie bitte.

3 Basisanwendungen des VerständigungsWürfels

Im Folgenden wird der Einsatz des VerständigungsWürfels als Selbstcoaching-Instrument in grundlegenden Lebenssituationen beschrieben. Der VerständigungsWürfel mit seinen Fragen und Farben ist dabei systematisch oder auch intuitiv und spielerisch einsetzbar. Er unterstützt den Anwender darin, in seinen Fragen eine klare Position zu beziehen, Entscheidungen zu treffen sowie Gespräche vorzubereiten und zu führen. Die Vorgehensweise folgt einer bestimmten Reihenfolge bei der Beantwortung der Fragen des Würfels. Diese Reihenfolge ist eine Empfehlung, die auf kommunikationspsychologischen Erkenntnissen und persönlichen Erfahrungen beruht. Sie hat sich bewährt, wenn es darum geht, mit sich selbst ins Reine zu kommen und aufbauend darauf auch weitere Fragen eines Verständigungsprozesses zu klären.

Schritt für Schritt fasse ich für den Leser, die Leserin die Stationen dieses Selbstcoachings in einzelnen Kapiteln zusammen, um diesen komplexen Prozess durch eine klare Gliederung möglichst gut begreifbar und nachvollziehbar zu machen. Ich spreche dabei die Leserinnen und Leser oft direkt an, beziehe mich selbst mit ein und verwende auch das »Wir« als rhetorische Figur. Ich möchte damit deutlich machen, dass wir Menschen in der Kommunikation mit uns selbst und anderen stets Lernende bleiben.

3.1 Positionsbestimmung und Entscheidungsfindung

Die beste Voraussetzung für eine gelungene Verständigung ist ein klarer Standpunkt. Es gilt, diesen durch und durch zu kennen, bevor man sich in einen Verständigungsprozess begibt. Wer sich seiner eigenen Haltung zu einer in Rede stehenden Sache voll und ganz bewusst ist, wirkt überzeugend und kann auch dann standhaft bleiben, wenn er beim Gesprächspartner Widerstand verspürt. Wenn ich mir über meinen Standpunkt im Klaren bin, bekomme ich außerdem ein Gespür dafür, wie weit ich nachgeben oder abweichen und dabei gleichwohl mir selbst treu bleiben kann. So vermeide ich Kompromiss, Verlust oder Niederlage.

Das lässt sich auch auf alltägliche Entscheidungen übertragen, die möglicherweise eine Verständigung mit einer anderen Person nach sich ziehen. Was will ich in der bestimmten Sache? Wo stehe ich? Was bedeutet mir diese Angelegenheit und was will ich dafür einsetzen? Diese Fragen stellen sich ebenso in einem Konflikt, wenn ich die Ursachen und Lösungsmöglichkeiten herausfinden möchte. Mit anderen Worten: Jeder Verständigung mit einer anderen Person – ob in alltäglichen Gesprächssituationen, im Zusammenhang mit Entscheidungen oder bei einer potenziellen Konfliktlösung – sollte im besten Falle eine Verständigung mit sich selbst vorausgehen. Der VerständigungsWürfel gibt zu diesem Selbstcoachingprozess mit seinen Fragen eine Anleitung.

Schritt 1: Wahrheit der Situation

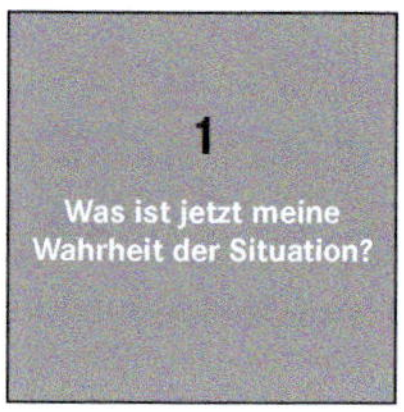

Abbildung 5: Am Anfang des Verständigungsprozesses steht die Frage nach der persönlichen Wahrheit der Situation (auf der grauen Basisaußenseite des VerständigungsWürfels)

Ziel: Ermittlung des eigenen Standpunkts zu einer bestimmten Sache und zu einem bestimmten Zeitpunkt als Verständigungsbasis

Der Verständigungsprozess beginnt mit der Frage: »Was ist jetzt meine Wahrheit der Situation?« (vgl. Schulz von Thun, 2008c, S. 284 ff. und Thomann, 2008, S. 117 ff.). »Meine« Wahrheit deshalb, weil ich ein Verständigungsziel – ungeachtet dessen, ob ich oder ein anderer es vorschlägt oder ob es erst noch gemeinsam festzulegen ist – zunächst nur von meinem ganz individuellen Standpunkt aus erreichen kann. All meine Erfahrungen, mein Wissen, meine Gefühle, Abneigungen, Vorlieben, Hoffnungen etc. fließen in diesen Prozess mit ein.

Anlass für die Frage nach meiner Wahrheit der Situation kann ein äußerer Impuls sein, ein Streit oder eine Situation, in der wir plötzlich vor einer Entscheidung stehen – beispielsweise wenn sich jemand mit einer Bitte, Anfrage oder Empfehlung an uns wendet und wir nicht wissen, wie wir darauf reagieren sollen. Es kann auch ein innerer Impuls sein, wenn ich etwa spüre, dass meine Beziehung zu einer Kollegin oder zu einem Partner belastet ist, oder wenn ein wichtiges Gespräch bevorsteht, von dessen Verlauf viel für mich abhängt. Vielleicht sind mir selbst die Zielsetzung dieses Gesprächs oder das Thema und meine Rolle darin noch unklar. Dann ist es gut, wenn ich mich gründlich vorbereite.

Anwendungsbereiche:

- Ich werde ein Jahresgespräch mit einem Mitarbeiter führen, der gerade ein Projekt erfolgreich abgeschlossen hat.
- Ich habe ein Jahresgespräch mit meinem Chef vor mir und weiß noch gar nicht so recht, mit welchem Ziel ich in die Besprechung hineingehen will.
- Ich fühle mich schon seit längerer Zeit unwohl in meiner Beziehung zu meinem Ehepartner. Das will ich mit ihm klären, damit es mir und uns gemeinsam wieder besser geht.
- Mein Arzt hat mir eine Knie-Operation empfohlen, aber ich bin mir nicht sicher, ob ich das will und wen ich in dieser Angelegenheit noch um Rat fragen könnte.
- Ich werde einen Vortrag halten und muss mir überlegen, was ich zum Thema wähle.
- Ich habe einen Projektauftrag zusammen mit einer Kollegin erhalten, die völlig anders als ich an die Aufgabe herangehen möchte. Und ich weiß nicht, wie wir miteinander klarkommen und das Projekt erfolgreich bearbeiten können.
- Ich hatte mit meinem Freund eine heftige Auseinandersetzung und weiß nicht, wie ich die Situation ansprechen und den Streit aus der Welt schaffen soll.
- Ein Kollege hat mich gebeten, ihm bei der Korrektur eines Manuskripts behilflich zu sein. Ich hätte zwar Zeit, doch diese wollte ich für die Regelung persönlicher Dinge nutzen, so dass ich nicht weiß, wie ich auf seine Anfrage reagieren soll.

Die Frage nach der Wahrheit der Situation zielt dabei auf die Vorgeschichte, die das ungute Gefühl oder die für mich noch unklare Konstellation veranlasste, und zwar auf zwischenmenschliche wie auf thematische Aspekte sowie auf meine Motivation und auf meine (unbewussten) Ziele in dieser Situation. Erst die Antwort auf diese Frage vermag mir Klarheit zu bringen, so dass ich Stellung beziehen und mein persönliches Anliegen sowie meine Ziele für den anstehenden Verständigungsprozess formulieren kann. Um diese Klarheit zu erlangen, ist häufig noch ein weiterer Prozessschritt nötig: die Selbstklärung (vgl. Thomann, 2008, S. 129 ff.).

Schritt 2: Selbstklärung

Abbildung 6: Die Fragen auf den Innenseiten des Verständigungs-Würfels leiten den Nutzer zur Selbstklärung an

Ziel: Definition einer soliden Ausgangsbasis für den Verständigungsprozess

Wer sich über sein (eigenes) Verständigungsziel, seine Motivation dazu oder gar über die Themen und zuständigen Personen bzw. über die eigene

Rolle in dem Gespräch noch nicht im Klaren ist, tut gut daran, eine Selbstklärung vorzunehmen. Dabei begleiten uns die Fragen auf den Innenseiten des VerständigungsWürfels. Sie dienen letztlich dazu, die eigene Wahrheit der Situation zu präzisieren. Die Beantwortung der Fragen sollte in der Regel der Reihenfolge der in Abbildung 6 aufgeführten Ziffern geschehen.

Die Frage nach der Motivation auf der Basisinnenseite des Würfels (grau) zielt darauf zu überprüfen, welcher Impuls zur Veränderung meiner unklaren oder unbefriedigenden Situation vorhanden ist und was mich zu einer Verständigung mit einer anderen Person bewegt. Sie setzt damit den Verständigungsprozess in Gang – zunächst die Verständigung mit mir selbst und danach die Verständigung mit der anderen Person. Dabei kann sich unvermittelt eine Vielzahl an Stimmen melden, die unterschiedliche, ja gegensätzliche Argumente und Gefühle artikulieren.

Die Frage »Welche Stimmen melden sich in mir zu dieser Sache?« ist daher als Aufruf zu verstehen, alle meine Beweggründe, Argumente, Ängste, Hoffnungen, Ambitionen, Zweifel, die meine Einstellung zu einer bestimmten Sache widerspiegeln, möglichst vollständig zu hören und zu sammeln.

Welche inneren Stimmen könnte ein Mitarbeiter wahrnehmen, dem ein Gespräch mit seinem Chef bevorsteht?

Beispiele:

Eigentlich will ich schon lange mehr Verantwortung übernehmen.
Ich bin ehrgeizig und will mein Bestes geben.
Ich habe Angst vor der neuen Aufgabe.
Kollege Meier und ich könnten uns gegenseitig in die Quere kommen.
Mit meinem Chef kann ich nicht offen über meine Bedenken gegenüber dem Projekt sprechen, das dann in meinen Bereich fällt.
Hoffentlich erwartet der Chef nicht zu viel von mir.
Da werden schon wieder viele Überstunden anfallen.

Ist das »innere Orchester« oder das »Innere Team« – wie es Friedemann Schulz von Thun nennt – komplett, gilt es, die innere Vielstimmigkeit zu ordnen und inhaltlich verwandte Stimmen zusammenzufassen. Der Nutzer des VerständigungsWürfels ist sozusagen der Dirigent der inneren Stimmen, der diese angesichts der Vielfalt und vielleicht auch Widersprüchlichkeit miteinander in Einklang zu bringen versucht (vgl. Schulz von Thun, 2008c, S. 21 ff.).

Die Fragen »Was bedeutet mir die Sache?«, »Wie stehe ich zum anderen und zu unserer Beziehung?« sowie »Was bin ich bereit zu geben?« helfen dem Nutzer, die einzelnen Stimmen des Inneren Teams nach Themen zu sortieren. Dabei kommt den Bedenkenträgern und Ängstlichen sowie der Frage nach dem persönlichen Einsatz eine besondere Bedeutung zu. Warnende Stimmen können vielmals als Kontrollinstanzen gedeutet werden, die im Verständigungsprozess mit einem Gesprächspartner für mich wichtige Forderungen formulieren. Andererseits kommt es im Rahmen der Selbstklärung vor allem darauf an, die Bereitschaft zum eigenen (zeitlichen, ideellen, finanziellen usw.) Engagement zu überprüfen, damit das Ergebnis dieses Prozesses für beide Seiten gewinnbringend sein kann.

Wer Anlass hat, in einer Sache eine Selbstklärung durchzuführen, wird danach seine Wahrheit der Situation sowie sein Verständigungsziel in Form eines Anliegens genauer definieren können. Er kann Position beziehen und hat in jedem Fall schon eine (Vor-)Entscheidung darüber getroffen, was er im besten Fall erreichen und was er dafür einsetzen oder aufwenden will.

Wenn ich einen Streit mit einem Freund aus der Welt schaffen will, dann habe ich womöglich schon geklärt, welche eigenen Interessen ich priorisieren will und vor allem auch welche ich leichten Herzens aufgeben kann, um unsere Freundschaft nicht zu gefährden. Und wenn es um die Anfrage eines Kollegen geht, ihm zu helfen, dann weiß ich nach der Selbstklärung, welches Angebot ich machen kann, um ihn zu unterstützen und dabei zugleich selbst nicht zu kurz zu kommen. In einer Entscheidungssituation kann das Ergebnis einer ersten Selbstklärung sein, dass ich meine Entscheidung doch lieber mit Hilfe eines Coaches überprüfen und mir dies auch etwas kosten lassen will. Und als Mitarbeiter, dem ein Gespräch mit seinem Chef bevorsteht, habe ich dann im besten Fall entschieden, dass ich die neue Herausforderung, die er mir angeboten hat, im Bewusstsein annehme, dass mir diese Aufgabe auch einiges abverlangen und mich möglicherweise an meine Grenzen bringen wird.

Wenn ich im Zweifel sogar bereit bin, mehr zu geben, als ich möglicherweise zurückbekomme, schaffe ich die besten Voraussetzungen für eine gelungene Verständigung. Das mag nach einem Kompromiss aussehen, bei dem ich klein beigebe oder den Kürzeren ziehe. Doch verbirgt sich hinter dieser Haltung in den meisten Fällen ein unerwarteter Gewinn. Eine lang währende Freundschaft, eine gute Arbeitsatmosphäre, die Hilfsbereitschaft von Kollegen, Dienstleistern oder auch Kunden sowie das Wohlwollen meines Chefs werden mich im Idealfall entlohnen.

Der Selbstklärung sollte folglich nicht nur bei der Gesprächsvorbereitung, sondern vor allem bei Entscheidungs- und Konfliktklärungsprozessen Raum gegeben werden – ganz gleich, ob sie mit externer Unterstützung durch einen Coach, Moderator oder Klärungshelfer oder im Rahmen eines Selbstcoachings durchgeführt werden (vgl. dazu auch → Teil B, Kapitel 4 und 5, sowie Dujmić-Erbe, 2012).

Schritt 3: Definition des Anliegens

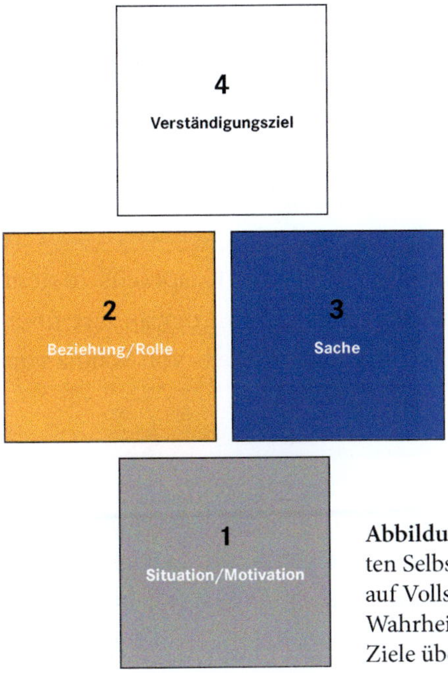

Abbildung 7: In Schritt 3 wird nach der erfolgten Selbstklärung die Wahrheit der Situation auf Vollständigkeit in Bezug auf die von dieser Wahrheit betroffenen Personen, Themen und Ziele überprüft

Ziel: Festsetzung des Verständigungsrahmens und -ziels

Die Frage nach der Wahrheit der Situation lässt sich nach der Selbstklärung neu beantworten. Im besten Fall ist jetzt eine Aussage darüber möglich,

1. unter welchen Umständen und mit welcher Motivation,
2. in welcher Rolle und mit welcher Person,
3. zu welcher Sache und
4. mit welchem Ziel

ich eine Verständigung mit einer anderen Person erreichen möchte. So kristallisiert sich nach der Selbstklärung allmählich die Vielschichtigkeit meiner Wahrheit der Situation heraus. Ich kann sie nun als differenziertes persönliches Anliegen aus meiner Perspektive formulieren (vgl. auch Schulz von Thun, 2006, S. 27 ff.).

Mein Anliegen basiert auf dem Wunsch, mit einer anderen Person in einer bestimmten Sache eine Einigung zu erzielen, die ich allerdings noch zusammen mit meinem Gesprächspartner zu erarbeiten habe. Der verfolgt womöglich ein eigenes, mit meinem nicht deckungsgleiches Verständigungsziel. Bin ich mir im Klaren über meine Situation und Motivation dazu, über meine Rolle in der Beziehung zu meinem Gesprächspartner sowie über die Sache, und weiß ich außerdem, was ich dem anderen gegenüber bereitwillig geben und was ich von ihm im Sinne einer Win-win-Situation fordern kann, so stecke ich damit meinen Verständigungsrahmen und mein persönliches Ziel für das bevorstehende Gespräch ab.

Dies ist ein wichtiger Schritt zur Vorbereitung eines Gesprächs, in dem ich ja mein eigenes Anliegen erst darlegen muss, damit der andere überhaupt darauf reagieren kann (vgl. auch »Situationsmodell« von Schulz von Thun, 2008c, S. 279 ff.).

Beispiel:

Die Anliegendefinition des Mitarbeiters aus dem vorherigen Beispiel macht eine eindeutige Position sowie ein Verständigungsziel deutlich, das neben einer Forderung die Bereitschaft zum eigenen Engagement mit einschließt: Im Gespräch mit meinem Chef werde ich mich bei ihm für sein Angebot bedanken und ihm sagen, dass ich die neue Aufgabe als Projektleiter annehme. Wichtig ist mir dabei vor allem, dass wir eine Vereinbarung darüber treffen, wie mein Verantwortungsbereich gegenüber dem Kollegen Meier abzugrenzen ist. Zugleich werde ich ihm sagen, dass ich mich dafür einsetzen will, die Meilensteine für das Projekt zusammen mit den Teammitgliedern nochmals auf den Prüfstand zu stellen.

3.2 Gesprächsvorbereitung

Ist mir mein Anliegen klar, kann die konkrete Vorbereitung des Gesprächs beginnen, indem ich die Inhalte im Einzelnen definiere und meine innere Haltung überprüfe. Insbesondere im Vorfeld von Gesprächen mit Tragweite, wie bei Mitarbeiter- oder Projektgesprächen, lohnt sich eine intensive Vorbereitung.

Diese Vorbereitung wird übrigens laufend während des Gesprächs fortgesetzt, in dem wir oft bereits beim Zuhören die Inhalte dessen definieren, was wir selbst als Nächstes sagen wollen. Schließlich reagieren wir auch auf das, was unser Gegenüber sagt – auf sein Anliegen, aber möglicherweise auch auf seine Fragen, Einwände und Bedenken. Und so kommt es, dass wir unsere Gedanken häufig erst beim Reden formulieren. Die Gesprächsvorbereitung kann also auch ein begleitender Vorgang sein. Sie erfordert ein hohes Bewusstsein dafür, welche Wirkung das, was wir sagen wollen, auf unseren Gesprächspartner hat und stellt hohe Anforderungen an unsere Präsenz. Der VerständigungsWürfel kann zur Entwicklung eines solchen Bewusstseins beitragen, ein Bewusstsein, das nicht nur die eigenen Ziele, sondern darüber hinaus die Situation des Gesprächspartners berücksichtigt.

Schritt 4: Definition der Gesprächsinhalte

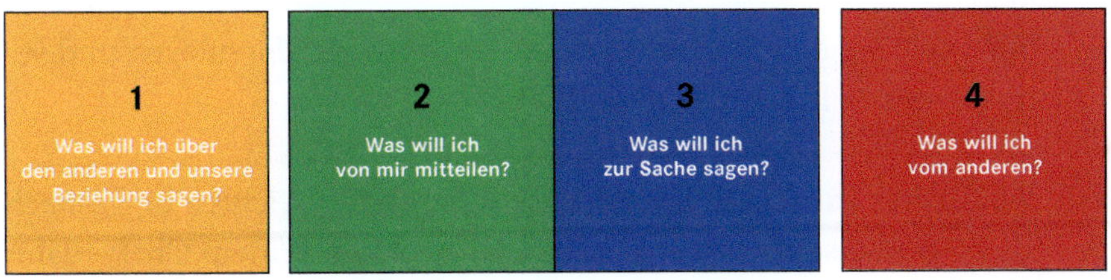

Abbildung 8: Die Außenseiten des VerständigungsWürfels leiten den Nutzer dazu an, die Gesprächsinhalte zielorientiert auszuwählen

Ziel: Stimmige, das heißt authentische und zugleich situationsgerechte Darstellung des Anliegens (vgl. Schulz von Thun, 2008a, S. 121 ff.)

Bei der Gesprächsvorbereitung geht es darum, die Inhalte, die im Verlauf des Verständigungsprozesses thematisiert werden sollen, zielorientiert auszuwählen und genauer zu bestimmen: Was möchte ich über mein Anliegen und die damit verbundenen Absichten mitteilen, was von mir und meiner Wahrheit der Situation preisgeben? Zu entscheiden ist auch darüber, wie offen wir gegenüber unserem Gesprächspartner sein und welche inneren Stimmen wir folglich im Hinblick auf eine Verständigung zu Wort kommen lassen wollen.

Es empfiehlt sich, uns dabei von unseren Werten und Gefühlen leiten zu lassen und mit der getroffenen Auswahl zugleich unseren Rollen – unserer eigenen und der unseres Gegenübers – gerecht zu werden. Es gilt, einerseits klar und authentisch zu sein und sich andererseits empathisch in den anderen einzufühlen, um erahnen zu können, wie sich meine Wahrheit der Situation wohl aus dessen Perspektive darstellt. So wird Kommunikation stimmig. Die Außenseiten des VerständigungsWürfels geben die Fragen vor, um die Gesprächsinhalte festzulegen. Der Mitarbeiter, der sich dazu entschlossen hat, die angebotene Stelle als Projektleiter anzunehmen, mag sich also dafür entscheiden, das Gespräch zur Vermittlung folgender Inhalte zu nutzen:

a) um sich für das Vertrauen des Chefs und die bisher immer gute Zusammenarbeit zu bedanken (gelb).
b) um dem Chef zu sagen, worüber er sich im Zusammenhang mit der neuen Aufgabe besonders freut (grün).
c) um auszuführen, was er von dem Projekt hält, das ihm anvertraut wird (blau).
d) um seine eigenen Erwartungen und Forderungen darzulegen und seinen Einsatz zu beschreiben (rot).

Der Mitarbeiter wird diese Inhalte unterschiedlich gewichten und – nach der Überprüfung seiner inneren Haltung gegenüber seinem Chef – dann im Gespräch darauf achten, dass das, was er zu sagen hat, im Hinblick auf sein Verständigungsziel wohlformuliert ist.

Schritt 5: Überprüfen der inneren Haltung

Abbildung 9: Auf der Innenseite des Deckels des VerständigungsWürfels geben kommunikationspsychologische Erkenntnisse Hinweise darauf, welche innere Haltung den Verständigungsprozess günstig beeinflusst und daher einer Verständigung förderlich ist

Ziel: Konsensorientierte Vermittlung eigener Verständigungsziele

Zielklarheit und Orientierung am anderen sind maßgebliche Faktoren für den Gesprächserfolg (vgl. Weisbach u. Sonne-Neubacher, 2008, S. 423 ff.). Es gilt, bei der Gesprächsvorbereitung die eigene innere Haltung gegenüber dem Gesprächspartner zu überprüfen und sie zu ändern, wenn wir Gefahr laufen, dem anderen und der Situation nicht gerecht zu werden.

Die Wertschätzung steht dabei an oberster Stelle. Unser Gegenüber darf also mit all seinen Eigenarten und Einstellungen genauso sein, wie er ist, auch dann, wenn wir sein Anliegen zunächst vielleicht für ganz abwegig halten mögen – so wie wir sein dürfen, wie wir sind. Das heißt nicht, den anderen im Gespräch zu schonen. Vielmehr ist damit gemeint, dass wir ihm auch wertschätzend begegnen, wenn wir ihm mitteilen möchten, dass wir eine andere Ansicht vertreten, dass uns ein bestimmtes Verhalten an ihm missfällt oder sein Arbeitsergebnis zu wünschen übrig lässt.

Sinn und Zweck der Antworten auf die Frage »Wie komme ich zur Verständigung?« auf der Deckelinnenseite des VerständigungsWürfels ist es demnach, für sich selbstkritisch zu überprüfen, inwiefern ich bereit bin, eine wohlwollende Haltung gegenüber dem Gesprächspartner einzunehmen, selbst dann, wenn er eine andere Position vertritt als ich selbst. Eine dem anderen gegenüber zugewandte Einstellung ist die Grundlage für die konsensorientierte Vermittlung dessen, was ich ihm mitteilen will.

Die auf der Deckelinnenseite aufgeführten Punkte fassen jene kommunikationspsychologischen Erkenntnisse zusammen, die einer Verständigung besonders förderlich sind.

Mich selbst und den anderen verstehen wollen

Überprüfen Sie für sich, ob Sie tatsächlich diese gute Absicht haben. Ein chinesisches Sprichwort sagt: Nur wer sich selbst versteht, kann auch andere verstehen. Und den anderen zu verstehen, das wusste bereits der Unternehmer und Autobauer Henry Ford, ist das Geheimnis des Erfolgs.

Mich der Wahrheit der Situation stellen

Stellen Sie sich vor, ein Kollege möchte Sie in einer Angelegenheit sprechen, in der Sie mit seinen Vorwürfen zu rechnen haben. Sie haben zwei Möglichkeiten: Entweder Sie rechtfertigen sich, indem Sie die Vorwürfe zurückweisen. Oder Sie stellen sich der Wahrheit dieser Situation, indem Sie seine Einwände ernst nehmen und einen Vorschlag dazu machen, wie Sie in Zukunft gemeinsam zusammenarbeiten wollen. Oder ihn wenigstens dazu befragen, wie er sich eine gedeihliche Zusammenarbeit vorstellt. Was hat wohl mehr Aussicht auf Erfolg?

Meine eigenen Ziele mit den Zielen des anderen in Einklang bringen

Häufig entbrennt ein Konflikt, weil es einer der beiden Parteien eher ums Rechthaben geht als darum, mit dem anderen in einer Sache einen gemeinsamen Nenner zu finden. Wer wirklich eine Verständigung über ein gemeinsames Ziel anstrebt, kann das Ziel auch erreichen.

Nach innen lauschen und nach außen aktiv zuhören

Ein Gespräch besteht mindestens zu 50 % aus Zuhören. Im Idealfall geschieht das aufmerksam und einfühlsam. Dann sind Sie fähig, Inhalte, Gefühlslage und Wünsche des Gesprächspartners gleichermaßen zu erfassen. Beobachten Sie dabei, welche Wirkung die Aussagen des anderen auf Sie selbst haben. Diese innere Distanz zu sich selbst erlaubt es Ihnen dann auch, Dinge anzusprechen, die vielleicht unangenehm sind, aber geklärt werden müssen, damit eine Verständigung Aussicht auf Erfolg hat.

Innere und äußere Vielfalt akzeptieren und integrieren

Wenn Sie in Entscheidungssituationen Ihrem Inneren Team genau zuhören, werden Sie merken, dass auch unliebsamen inneren Teammitgliedern – den ängstlichen, den trotzigen, den quengeligen usw. – häufig eine wichtige Rolle zukommt. Sie können beispielsweise die Funktion haben, Sie vor bestimmten Situationen zu warnen, denen Sie noch nicht gewachsen sind. Das muss nicht, kann aber so sein. Auf jeden Fall werden Sie erkennen, dass gerade diese Vielfalt Ihren inneren Reichtum ausmacht.

Denken Sie auch bei Ihrer Kommunikation nach außen daran, zum Beispiel wenn Sie sich über Arbeitskollegen ärgern. Überprüfen Sie, welche Rolle dem Nörgler, dem Ja-aber-Sager, dem Quertreiber oder dem Chaoten zukommt, der so ganz anders tickt als Sie. Erst die Vielfalt macht ein gutes Team aus, in dem jeder zum Funktionieren des großen Ganzen beiträgt, gerade weil er eine bestimmte Rolle ausfüllt.

Meine Perspektive verändern, scheinbar Bekanntes umdeuten

Vexierbilder führen klar vor Augen, dass jede Ansicht eine Sache der eigenen Einstellung ist. Verändern Sie also gelegentlich Ihre Perspektive, um die Welt – und damit auch Ihre Mitmenschen – in einem anderen Licht zu sehen. Sie können bei ganz einfachen Dingen anfangen. Setzen Sie sich in der Kantine oder in der Straßenbahn nicht auf Ihren Stammplatz, sondern nehmen Sie einen ganz anderen Platz ein. Plötzlich begegnen Ihnen andere Menschen und möglicherweise werden Sie auch Dinge nicht mehr stören, von denen Sie sich früher belästigt fühlten.

Das Positive im scheinbar Negativen erkennen

Auch das ist eine Form von Perspektivenwechsel: Stellen Sie sich die Frage, ob Sie an der nervigen Kollegin nicht auch eine gute Eigenschaft erkennen können, was sich also an Positivem im scheinbar Negativen verbirgt. So kann sich in Pingeligkeit und Perfektionismus ein hoher Qualitätsanspruch ausdrücken oder in einem vermeintlichen Geiz eine Fähigkeit zu sparen, die Sie bisher übersehen haben. Genaues Hinschauen lohnt sich.

Nach innerer und äußerer Klarheit streben

Gehen Sie in sich und kommen Sie mit sich ins Reine, bevor Sie mit einem anderen eine Verständigung erzielen wollen. Wer ganz klar weiß, was er will, der kann auch überzeugen.

Authentisch und situationsgerecht sprechen

Sagen Sie, was Sie denken, und bedenken Sie zugleich die Situation Ihres Gegenübers. Wer glaubwürdig *und* rücksichtsvoll ist, dem wird sein

Gesprächspartner das nötige Vertrauen und den Respekt entgegenbringen, gemeinsame Ziele zu entwickeln und zu verfolgen.

Von meinen eigenen Einstellungen reden, statt andere zu bewerten
»Das ist gut.« »Das ist schlecht.« »Das kannst du so nicht machen.« Bewertungen sind meist Pauschalisierungen, die dem Verhalten des anderen nicht gerecht werden. Dies gilt insbesondere bei Negativurteilen. Sie sorgen für ein Ungleichgewicht in der Kommunikation und vereiteln eine Verständigung auf Augenhöhe.

Metakommunikation pflegen
Metakommunikation heißt: darüber reden, wie wir miteinander reden. Es handelt sich sozusagen um einen Kommunikations-TÜV, bei dem wir überprüfen, inwieweit wir als Projektteam oder Partner noch arbeitsfähig sind. So sind regelmäßige Teamsitzungen, in denen nicht nur über Projekte, sondern auch darüber gesprochen wird, wie die Teammitglieder miteinander arbeiten und sprechen, ein höchst wirksames Mittel, um Missverständnisse rechtzeitig aufzuklären und die Entstehung gravierender Konflikte zu verhindern.

3.3 Gesprächsführung

Ein ziel- und konsensorientierter Dialog kann als konstruktiver Austausch und Abgleich von unterschiedlichen persönlichen Positionen aufgefasst werden. Im Dialog treffen gewissermaßen zwei VerständigungsWürfel aufeinander, wobei es darum geht, die unterschiedlichen Positionen mittels verständigungsfördernder Gesprächstechniken, die beim (positiven) Sprechen und beim (aktiven) Zuhören angewendet werden, zu vergleichen. Dabei geht es darum, Gemeinsamkeiten zu definieren, damit ein vorgegebenes oder vom anderen vorgeschlagenes Verständigungsziel zum beiderseitigen Nutzen umgesetzt bzw. ein gemeinsames Ziel definiert werden kann.

Schritt 6: Methoden und Techniken des ziel- und konsensorientierten Dialogs

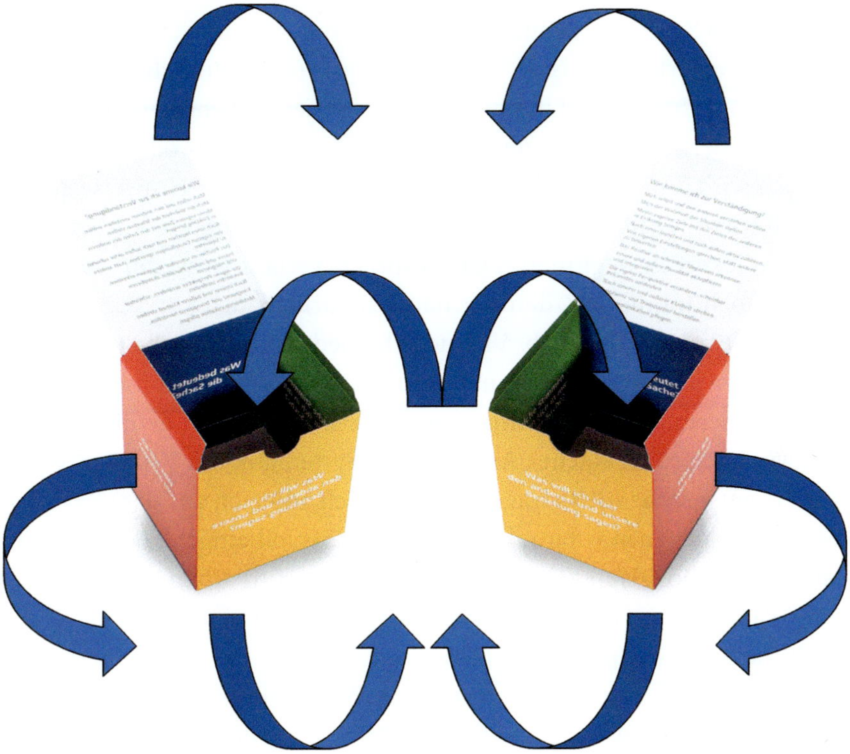

Abbildung 10: Suchbewegung im Hinblick auf das gemeinsame Ziel durch konstruktiven Abgleich von Standpunkten

Ziel: Definition eines gemeinsamen, von beiden Gesprächspartnern getragenen Verständigungsziels

Der VerständigungsWürfel stellt die Kommunikation des Nutzers mit dem Ziel der Verständigung dar. Da dazu zwei Gesprächspartner gehören, kann ich diesen Verständigungsprozess, bildlich gesprochen, als Dialog zweier VerständigungsWürfel untereinander auffassen. Diese stehen für Person A und Person B, die von unterschiedlichen Ausgangspunkten aus einen Dialog führen. Es geht im Verständigungsprozess um den Dialog zweier Wahrheiten – Wahrheit A und Wahrheit B – im Hinblick auf ein gemeinsames Ziel. Dieses ist als Schnittmenge oder Wahrheit C begreifbar (vgl. auch Thomann, 2008, S. 146 ff.).

Der Dialog über die Wahrheiten kann in Gang kommen, wenn ich sowohl beim Sprechen als auch beim Zuhören meine Bereitschaft zu einem fairen Dialog erkennen lasse. Es kommt also im Wesentlichen darauf an, dass in den Inhalten und in der Art, wie ich meine Wahrheit darlege und wie ich wiederum die des anderen aufnehme, meine wohlwollende Haltung deutlich wird. Eine solche Haltung lässt sich anhand der Hinweise auf der Deckelinnenseite überprüfen. Mit ihr kann ich die konkrete Vorbereitung auf das Gespräch beginnen. Der Gesprächsverlauf ist weder prognostizierbar noch trainierbar, denn er hängt natürlich auch von der Kommunikation des Gegenübers ab. Vielmehr hat jedes Gespräch den Charakter einer Improvisation – eine spannende und zugleich fragile kommunikative Herausforderung. Diese kann auf zufriedenstellende Art gemeistert werden, wenn ich mein eigenes Anliegen der Systematik des Verständigungs-Würfels entsprechend vortrage und wenn ich zugleich auf das, was mein Gesprächspartner mir darauf sagt, verständnisvoll eingehe: wenn ich im Rahmen des positiven Sprechens konstruktiv Kritik üben und Feedback geben kann und auf den anderen mit aktivem Zuhören reagiere, bei Bedarf Unklarheiten kläre und – wenn es emotional wird – bestrebt bin, die Situation zu deeskalieren. All das fördert das Verständnis und steigert somit die Chance, sich auf ein gemeinsames Ziel oder eine gemeinsame Vorgehensweise zu verständigen.

Pflege der Beziehungsseite zum Gesprächsauftakt

Ganz gleich, welche Art von Gespräch mir bevorsteht – mit Kollegen, Chef, Freunden oder Partner, ganz gleich, ob es ums Honorar oder um die Ferien geht: Bevor ich mein Anliegen präsentiere, beginne ich mit einer Aussage, die meine Beziehung zum Gegenüber positiv kennzeichnet. Es reicht dafür ein »Schön, Sie wiederzusehen!« oder »Es freut mich, dass Sie sich Zeit genommen haben für dieses Gespräch«. Oder als Einstieg zu einer Sitzung, die Sie eröffnen: »Wie schön, dass Sie es alle geschafft haben!« Bereits mit solchen kurzen Sätzen, die sich der Beziehungsseite des Verständigungs-Würfels zuordnen lassen, können wir anderen signalisieren, dass wir sie schätzen und ihnen zugeneigt sind und dass wir uns auf die Begegnung freuen.

Natürlich kann dieser beziehungsorientierte Gesprächseinstieg auch ausgeweitet werden und in eine kleine Einstiegskonversation über beiläufige Themen münden – die Art der Anreise zum Termin, das Wetter, aktuell anstehende oder gerade erst zurückliegende Feiertage und Ähnliches. Ein solcher Smalltalk lockert die Atmosphäre auf und schafft jenseits von Geschäft und Fachlichkeit Verbindung zu Ihrem Gesprächspartner, von dem Sie auf diese Weise auch Persönliches erfahren können.

Übrigens wird die Beziehungsseite insbesondere im interkulturellen Kontext und dort auch im geschäftlichen Umfeld sehr gepflegt (vgl. Schroll-Machl, 2013). Beziehungsorientierung kann dabei unterschiedliche Formen annehmen. Zum Teil gehen wichtigen geschäftlichen Besprechungen sogar private Veranstaltungen oder Einladungen voraus – zum gemeinsamen Essen, Skifahren, Golfen –, die ein freundschaftliches Klima zwischen den Geschäftspartnern herstellen sollen. Zum anderen kann sich die Ausrichtung unseres (internationalen) Geschäftspartners auf ein gutes Beziehungsklima in einer besonderen Vorsicht bei der Formulierung eines Anliegens oder einer Kritik niederschlagen. Es ist also immer aufmerksames Zuhören und viel Feingefühl gefragt. Vor allem in Kulturen, in denen das Bewusstsein vorherrscht, dass Geschäfte nicht nur auf Verträgen, sondern auf Vertrauen basieren, wird der Beziehungspflege ein hoher Stellenwert eingeräumt. Den Deutschen eilt in anderen Ländern allerdings vielfach der Ruf voraus, schneller zur Sache zu kommen, als der Geschäftsbeziehung gut tut. Doch selbst hierzulande wird so mancher Geschäftsabschluss auf der Beziehungsebene entschieden.

Steht ein weniger erfreuliches Thema mit einem Menschen an, der eine ganz andere Wellenlänge hat, überlege ich im Vorfeld, welche angenehmen Wesenszüge ich am anderen erkennen kann. Denn so sehr ich mich über ihn auch ärgern mag: Es lassen sich mit Sicherheit auch Eigenschaften finden, die ich an ihm zu schätzen weiß und die mir somit einen persönlichen Zugang zu ihm eröffnen. Sollten Sie gegenüber einem Gesprächspartner allerdings eine heftige Abneigung verspüren, dann vertagen Sie das Gespräch lieber und gehen Sie nochmals in sich. Bedenken Sie, dass eine wohlwollende Grundeinstellung gegenüber dem anderen die Voraussetzung für eine Verständigung ist: dafür, dass der andere auf Ihr Anliegen eingeht und dass er seine eigenen Interessen gegebenenfalls im Sinne eines übergeordneten gemeinsamen Ziels zurückstellt.

Wenn Sie einen Gesprächstermin mit einem Geschäftspartner wahrnehmen, seien Sie bestrebt, immer in einem guten Kontakt mit dem anderen zu sein. Beginnen Sie jedes Gespräch mit einer Aussage, die zum Ausdruck bringt, dass Ihnen an Ihrem Gesprächspartner gelegen ist. Gesprächsauftakt und Beziehungspflege gehen am besten Hand in Hand.

Anliegen darlegen

Nachdem Sie das Gespräch mit einer Aussage auf der Beziehungsseite (gelb) eröffnet haben, drehen Sie den VerständigungsWürfel gegen den Uhrzeigersinn und beantworten Sie die Fragen auf der Selbstaussageseite (grün) bzw. auf der Sachseite (blau). Die beiden Aspekte lassen sich häufig gar nicht so exakt trennen. Wenn ich etwa betonen möchte, was mir eine bestimmte Sache bedeutet, dann kann ich die Reihenfolge vertauschen und zunächst eine Aussage zur Sache machen (blau), bevor ich noch mehr von mir preisgebe (grün). Auf jeden Fall sollte die Präsentation Ihres Anliegens mit einem Appell (rot) enden, der deutlich macht, was Sie vom anderen erwarten – ja bisweilen einfordern – oder was Sie ihm nahelegen.

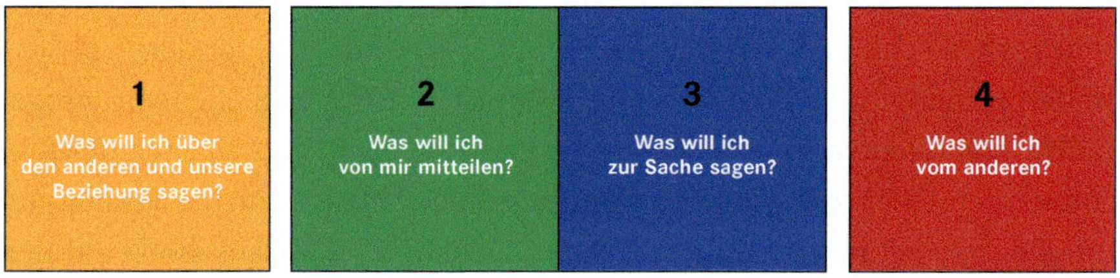

Abbildung 11: Vorlage für die Gesprächsführung, insbesondere für die Gesprächseröffnung, für die Darlegung eines Anliegens sowie für wertschätzendes Feedback und konstruktive Kritik

Dabei sollte auch durchscheinen, was ich selbst bereit bin zu geben. Es wird meinen Gesprächspartner motivieren, auf meine Forderungen und Wünsche einzugehen, wenn er erkennt, dass ich ebenfalls bereit bin, Einsatz zu bringen. So ebnen wir den Weg zu einer Verständigung, die auf Geben und Nehmen beruht.

In einem Gespräch zwischen einem Chef und seinem zukünftigen Projektleiter könnte der Mitarbeiter zum Beispiel Folgendes sagen:

Zunächst einmal vielen Dank für Ihr Vertrauen in meine Fähigkeiten. Ich freue mich, dass Sie mir die Projektleiterstelle angeboten haben. Es gefällt mir, dass ich künftig mehr Verantwortung und mehr Kundenkontakt haben werde. Gerne nehme ich diese Herausforderung an. Es handelt sich ja um ein sehr komplexes Projekt mit vielen Beteiligten. Daher ist es mir wichtig, dass wir im heutigen Gespräch meinen Aufgabenbereich klar abgrenzen – vor allem gegenüber dem Tätigkeitsfeld des Kollegen Meier, damit wir beide möglichst effizient arbeiten können. Um diese Effizienz zu steigern, will ich außerdem zusammen mit den Teammitgliedern nochmals die Meilensteine für das Projekt überprüfen. So können wir sicherstellen, dass wir den Zeitplan und die Erwartungen des Kunden erfüllen. Es wäre gut, wenn wir auch dieses Thema heute ausführlich besprechen würden.

Der Gesprächsauftakt wird also durch eine Beziehungsaussage markiert. Gefolgt von einer kurzen persönlichen und sachlichen Aussage wird am Ende klar das Verständigungsziel benannt. Das Verständigungsziel macht sowohl die Forderungen des Sprechers als auch seinen Einsatz deutlich. Im Gespräch, das sich infolge des dargelegten Anliegens entwickelt, wird es hauptsächlich darum gehen herauszufinden, inwiefern der Chef dieses Verständigungsziel mit dem Mitarbeiter teilt und welche eigenen Themen er noch einzubringen hat.

Die in den nachfolgenden Kapiteln vorgestellten Methoden und Techniken der Gesprächsführung beschreiben, wie wir im Dialog unser Anliegen mit dem unseres Gesprächspartners abgleichen und durch eine Aneinanderreihung von Feedbackschlaufen die Chance auf eine Verständigung erhöhen können.

Dialogisieren

Sie können Ihren Appell einfach im Raum stehen lassen und die Reaktion des anderen abwarten. Beziehungsorientiertes und somit konsensorientiertes Handeln bezieht jedoch den anderen immer wieder in das Gespräch ein. Runden Sie Ihren Appell an den Gesprächspartner daher gegebenenfalls ab mit der Frage nach seiner Meinung bzw. nach seinem Einverständnis: »Was sagen Sie dazu?« oder »Was halten Sie davon?« oder »Wie findest du das?« (vgl. zum Dialogisieren auch Thomann, 2008, S. 149 f.). Dann fühlt sich mein Gegenüber eingeladen, seine eigene Position darzulegen, und merkt, dass mir an seiner Zustimmung gelegen ist und nicht nur daran, eigene Interessen zu verfolgen. Dem können Sie – je nach Kontext – auch Nachdruck verleihen, indem Sie Ihrem Appell an den anderen Ihr eigenes Engagement voranstellen.

> *Beispiele:*
> Ich mache die Küche sauber und du mähst den Rasen. Was hältst du davon?
> Sie könnten das Basiskonzept für ein gemeinsames Projekt erarbeiten, wir gehen das gemeinsam durch, und ich kümmere mich dann um die Umsetzung. Können Sie sich das so vorstellen?
> Ich möchte, dass meine Arbeitsstunden reduziert werden. Im Gegenzug bin ich bereit, mehr Nachtschichten zu übernehmen. Wäre das für Sie akzeptabel?

Positives Sprechen

Wer positiv denkt und spricht, wird seinen Gesprächspartner kaum mit einem Anliegen konfrontieren, das diesen vor unüberwindbare Probleme stellt. Auch wer sich in der vermeintlich schlechteren Position wähnt, tut im Sinne einer Verständigung auf Augenhöhe gut daran, sich weder als hilfsbedürftig noch als unterlegen darzustellen. Stattdessen sollten Sie versuchen, für die Herausforderungen, die Gegenstand Ihres Gesprächs sind, konstruktive Lösungen zu skizzieren, die Ihnen und Ihrem Gesprächspartner nützen – ohne anderen zu schaden. In folgendem Negativbeispiel wird dies deutlich:

> Mitarbeiter zum Chef: Schön, Chef, dass Sie sich Zeit genommen haben für dieses Gespräch. Ich habe wirklich ein Problem mit der neuen Kollegin im Team. Sie kommt immer zu spät und blockiert alle Vorschläge der anderen Teammitglieder. Ich habe schon mit ihr darüber gesprochen, aber sie scheint gar nicht zu erkennen, was ich meine. Ich schlage vor, dass Sie die Frau mal ins Gebet nehmen.

Es fällt auf uns zurück, wenn wir die Kollegin beim Chef schlecht machen. Im genannten Beispiel stellt sich der Sprecher über seine Kollegin, deren Verhalten er missbilligt. Zugleich wird offensichtlich, dass er diesem Verhalten hilflos gegenüber steht. Er gibt sich also dem Chef gegenüber selbst eine Blöße, indem er preisgibt, dass er für den Umgang mit der Kollegin nicht gewappnet ist. Das Verhalten des Mitarbeiters könnte vom Chef als Illoyalität gegenüber Kollegen und als Mangel an Sozialkompetenz gedeutet werden – und außerdem als Ablenkung von eigenen Führungsschwächen. Ganz anders hört sich das Anliegen des Sprechers in folgenden Worten an:

> Mitarbeiter zum Chef: Danke, Chef, dass Sie sich Zeit genommen haben für dieses Gespräch. Wir haben ja eine neue Kollegin im Team. Die Kollegin macht eine tolle Arbeit, doch ich bin mir nicht sicher, ob ihr klar ist, wie wichtig uns auch die terminliche Zuverlässigkeit ist. Ich konnte mich da nicht verständlich machen. Gibt es womöglich zwischen Ihnen und ihr eine andere Absprache? Ansonsten würde ich vorschlagen, dass wir unter Ihrer Leitung ein Teamgespräch führen, um zu klären, wie wir in der neuen Zusammensetzung optimal zusammenarbeiten können.

Der Unterschied in der Formulierung des Anliegens besteht darin, dass sich der Mitarbeiter in der zweiten Version nicht hilflos gibt, sondern Verantwortungsbewusstsein zeigt. Er schiebt eine Lösung der Situation nicht auf den Chef ab, sondern bindet sich mit der Forderung nach einem Teamgespräch in den Lösungsprozess mit ein. Statt die Kollegin anzuschwärzen, verhält er sich konstruktiv, zukunfts- und zielgerichtet und zugleich kooperativ.

Im Verständigungsprozess vermeide ich negative und einschränkende Formulierungen wie »aber«, »nein«, »nicht«, wenn sie darauf angelegt sind, dem anderen zu widersprechen und in den Widerstand zu ihm zu gehen. Also statt: »Das sehe ich nicht so« lieber: »Das sehe ich anders.«

Auch negativ gefärbte Worte sind mit Hinblick auf die Gesprächsatmosphäre besser zu meiden – und zwar ganz gleich, ob diese gegen den anderen gerichtet sind oder mich selbst betreffen. Unser Denken und Sprechen sollte ressourcenorientiert und positiv, das heißt auf (Entwicklungs-)Möglichkeiten, Potenziale und Stärken ausgerichtet sein statt auf Unzulänglichkeiten. So können wir Zuversicht und Verbindlichkeit signalisieren, gegenüber unseren Kunden Dienstleistungsorientierung unter Beweis stellen und zugleich unsere Mitarbeiter motivieren (vgl. Weisbach u. Sonne-Neubacher, 2008, S. 291 ff., S. 299, S. 307 ff.).

Beispiele:

Ich bin neu hier und kenne mich auf diesem Gebiet noch nicht aus.

Besser: Da ich neu hier bin, werde ich mich jetzt umgehend erkundigen und Sie in circa fünf Minuten zurückrufen.

Oder: Ich verbinde Sie gerne sofort mit einer Kollegin, die in dieser Sache Bescheid weiß.

Um zu signalisieren, dass Ihnen die Zufriedenheit des Kunden am Telefon und sein Feedback wichtig ist, kann noch hinzugefügt werden: »Ist das in Ordnung für Sie?«

Es tut mir leid, ich habe keinen Tisch mehr für Sie.

Besser: Darf ich Ihnen für den Apéro einen Platz an der Bar anbieten? Der nächste Tisch wird in circa 15 Minuten für Sie frei.

Oder: Die Tische sind ab 20 Uhr alle reserviert. Bis dahin können Sie gerne hier oder an einem anderen Tisch Ihrer Wahl Platz nehmen.

Herr Kunze ist heute nicht im Büro.

Besser: Herr Kunze ist morgen ab 9 Uhr wieder erreichbar. Kann ich jetzt etwas für Sie tun?

Versuchen Sie auch in jenen Situationen positiv zu sprechen, in denen Sie – beispielsweise als Chef – Vorgaben machen und Beurteilungen abgeben müssen. Formulieren Sie Sätze, die statt Vorwürfen oder Abwertungen konstruktive Vorschläge enthalten oder zu einem Entwicklungsschritt auffordern. Wer trotz hierarchischer Unterschiede die Augenhöhe wahrt, fördert mit der Motivation seiner Mitarbeiter deren Kooperations- und Leistungsbereitschaft und damit auch den gemeinsamen Erfolg.

Beispiele:

Solange Sie diesen Brief nicht eingetippt haben, können Sie nicht in den Feierabend.

Besser: Bitte tippen Sie den Brief noch ein, auch wenn es schon kurz vor 17 Uhr ist, und dann wünsche ich Ihnen einen schönen Feierabend.

Das ist eine schlechte Leistung.

Besser: Ich weiß, dass mehr in Ihnen steckt.

Oder: Das Ergebnis könnte noch besser sein.

Wenn Sie die Endkontrolle nicht so schludrig machen würden, hätten wir weniger Reklamationen.
Besser: Im vergangenen Monat stiegen die Reklamationen um 10 %. Bitte führen Sie daher die Endkontrolle besonders gewissenhaft aus. Wir wollen doch zufriedene Kunden haben.

Eröffnen Sie dem anderen eine Handlungsoption bzw. signalisieren Sie ihm Ihre Zuvorkommenheit und Ihr Verständnis.

Beispiel:
Wir haben nächsten Mittwoch um 10 Uhr noch einen Behandlungstermin frei.
Besser: Passt es Ihnen besser vormittags oder nachmittags?
Antwort abwarten - Dann kann ich Ihnen einen Termin am Mittwoch um 10 Uhr anbieten (bzw. Donnerstag um 16.30 Uhr).

Positiv zu sprechen heißt auch, sich vor unangemessenen Verallgemeinerungen zu hüten. Stattdessen lieber eigene Wahrnehmungen und Eindrücke anhand konkreter Beispiele formulieren und dem Gesprächspartner zu verstehen geben, dass Sie eine Verhaltensänderung begrüßen würden.

Beispiel:
Nie putzen Sie die Fenster richtig sauber!
Besser: Nachdem Sie letzte Woche die Fenster geputzt hatten, sind mir noch Putzstreifen an der Terrassentür aufgefallen. Würden Sie bitte noch einmal die Terrassentür putzen? Mir ist es sehr wichtig, dass sie sauber ist. Danke.

Wertschätzendes Feedback

Positives Sprechen als Ausdruck einer wohlwollenden Haltung gegenüber unserem Gesprächspartner spielt eine besonders wichtige Rolle beim Feedback – also wenn wir darauf reagieren, was der andere sagt oder tut. Beginnen Sie mit einer Aussage auf der Beziehungsseite, die eine Eigenschaft des anderen würdigt; lassen Sie die persönliche Mitteilung und sachliche Beobachtung folgen und schließen Sie mit dem Appell ab.

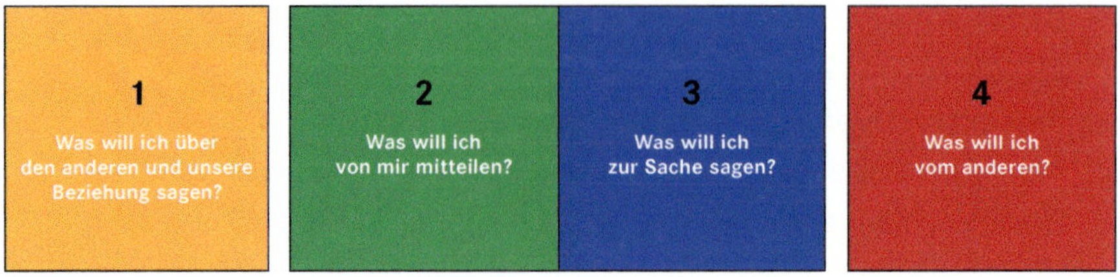

Abbildung 12: Vorlage für wertschätzendes Feedback

Beispiel:
Es war toll, mit dir im Team so effizient zusammenzuarbeiten. Ich habe mich sehr wohl dabei gefühlt. Wir haben jetzt in den drei Stunden eine Grundlage für ein gemeinsames Konzept geschaffen. Und ich wünsche mir, dass wir dieses dann auch zügig zu Ende bringen und umsetzen können.

Erst recht empfiehlt es sich, mit einer anerkennenden oder einfühlenden Äußerung auf der Beziehungsseite zu beginnen, wenn Sie unsicher sind, wie die Vorschläge (oder auch Bedenken), die Sie in Ihrem Feedback äußern, beim anderen ankommen.

Beispiel:
Du solltest endlich mal was gegen den Pilzbefall in deiner Wohnung unternehmen. Kein Wunder, dass du ständig am Husten bist.
Besser: Es tut mir leid, dass du unter so einem starken Husten leidest. Ich kann mir gut vorstellen, dass er auch etwas mit dem Pilzbefall in deiner Wohnung zu tun hat. Erst gestern stand in der Zeitung, dass Husten ein Krankheitssymptom sein kann. Was hältst du davon, wenn du einen Fachmann kommen lässt, um den Pilz zu beseitigen?

Wertschätzendes Feedback ist übrigens an jeder Stelle im Gespräch angeraten. Eine anerkennende Rückmeldung an den Gesprächspartner, zumal eine authentische, kann sein Herz erobern. Es zählt gewiss zu den angenehmsten Erfahrungen, in einem ehrlichen Feedback zu hören, was ein anderer an mir zu schätzen weiß. Sie können sich bei Ihrer Rückmeldung also durchaus auf eine positive Aussage auf der Beziehungsseite konzentrieren. Ein solches Mini-Feedback – »Sie bringen es auf den Punkt!« – kann Wunder wirken. Der Gesprächspartner fühlt sich verstanden und angenommen. Das erhöht die Chance auf eine Verständigung.

Konstruktive Kritik

Gelegentlich fällt es uns schwer, positiv zu denken und zu reden. Manchmal sind wir vom anderen einfach nur genervt, weil er etwas tut oder eine Eigenschaft an den Tag legt, mit der wir unsere liebe Mühe haben. Doch bevor wir eine andere Person dafür kritisieren, lohnt es sich, wenn wir genau hinschauen und für uns klären, woher das Genervtsein kommt. Liegt dem womöglich eine tiefer liegende Ablehnung zugrunde? Dann kann sich dies unserem Gegenüber bereits durch subtilen Widerstand oder auf körpersprachlicher Ebene mitteilen. Wenn wir dann noch dazu neigen, zu verbalen Vernichtungsschlägen ausholen, haben wir ihn als Verständigungspartner verloren.

Wenn wir jedoch weiterhin eine Verständigung als Ziel im Auge behalten, werden wir unser kritisches Feedback auf ein konkretes Verhalten oder Ereignis beziehen. Das freilich ist bisweilen eine Herausforderung, umso mehr, je emotionaler wir die Beziehung oder den Moment erleben, in dem uns eine Kritik angebracht erscheint. Manchmal hilft da nur: tief durchatmen statt in die Luft zu gehen – und sich im besten Fall an die bereits beim Feedback empfohlene Gesprächsstruktur sowie eine positive Sprechweise halten. Wenn unser Gegenüber bei aller Kritik eine grundlegende Akzeptanz spürt, kann er die Kritik annehmen. Daher gilt auch hier: zuerst eine wertschätzende Beziehungsaussage (gelb), dann zum Ausdruck bringen, was Sie persönlich gut finden oder eben auch, was Ihnen Sorge bereitet, Sie aufregt usw. (grün). Geben Sie Ihre Einschätzung zur Sache ab (blau) und formulieren Sie erst am Schluss den Appell bzw. Ihren Verbesserungs- oder Entwicklungsvorschlag (rot).

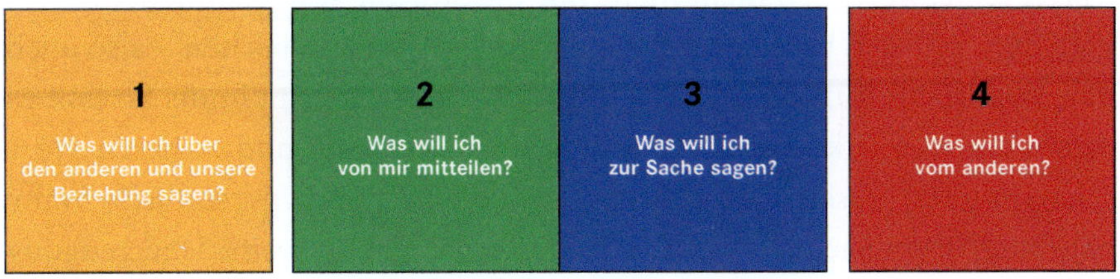

Abbildung 13: Vorlage für die Formulierung einer konstruktiven Kritik

3.3

Beispiel 1:
Ich hab's wirklich satt! Hör endlich auf mit deinen guten Ratschlägen! Ich bin kein Kind mehr. Ich will und kann das selbst entscheiden!
Besser: Ich weiß es ja zu schätzen, Mutter, dass du mich in allen Lebenslagen mit Rat und Tat unterstützt. Doch manchmal fühle ich mich noch richtig bevormundet. Ich verdiene jetzt mein eigenes Geld, und ich werde diese Reise machen, auch wenn sie dir gefährlich erscheint. Bitte akzeptiere es, dass ich aus deinen Ratschlägen meine eigenen Schlüsse ziehe und eigene Entscheidungen treffe.

Beispiel 2:
Das kann doch so nicht funktionieren! Ich glaube, das Software-Update braucht viel zu viel Speicherplatz und dann beschwert sich der Kunde womöglich wieder.
Besser: Sie sind ja immer für originelle Software-Entwicklungen gut, Herr Müller! Dafür habe ich Sie ja auch eingestellt! In diesem Fall, muss ich zugeben, bin ich allerdings skeptisch. Der Kunde hat sich ja schon bei unserem letzten Software-Update darüber geklagt, dass es viel Speicherplatz bindet. Überprüfen Sie daher bitte diesen Punkt auf jeden Fall nochmals, bevor wir dem Kunden das Update empfehlen.

Wenn wir am Verhalten oder Arbeitsergebnis eines Menschen etwas zu kritisieren haben, so können wir uns auch fragen, welcher positive Kern oder welche gute Absicht diesem Verhalten zugrunde liegt. Ich kann meine Kritik klar anbringen und dabei dem Menschen »weich« gegenüber treten, wenn ich mein Verhältnis, meine Beziehung und meine Sicht auf diesen Menschen genau prüfe. Was schätze ich an ihm? Wenn ich diese Frage beantwortet habe, werde ich nicht mehr nur die Störung wahrnehmen, die sein Verhalten mit sich bringt, sondern den kompletten Menschen – also auch das, was ich an ihm als bereichernd und angenehm empfinde. So fällt es mir leichter, eine konstruktive Kritik zu formulieren und zugleich Wertschätzung für diesen Menschen auszudrücken; meine persönliche Wahrnehmung in der Sache in Worte zu fassen und zugleich meine Überzeugung mit Blick auf das Veränderungspotenzial meines Gegenübers. Im Grunde geht es darum, mein Vertrauen in eine Lösung, in eine Verständigung zu erkennen zu geben.

Wenn mich zum Beispiel der Geiz meines Partners nervt, kann ich mir überlegen, worin der positive Kern von Geiz besteht. Ich kann erkennen, dass Geiz lediglich eine Übertreibung der Sparsamkeit ist, die ja durchaus eine Tugend darstellt. Doch ohne ihre »Schwestertugend«, wie Schulz von Thun es bezeichnet, in diesem Falle die Großzügigkeit, kann Sparsamkeit durchaus in die Übertreibung führen und zu Geiz mutieren (vgl. dazu auch Schulz von Thun, 2008b, S. 38 ff.).

Ich könnte ein wertschätzendes Feedback geben, indem ich gemäß der Frage auf der Beziehungsseite des VerständigungsWürfels seine Tugend der Sparsamkeit anerkenne und das gegebenenfalls auch begründe. Ich kann dann auf die Selbstaussageseite des VerständigungsWürfels wechseln und mitteilen, wie diese Eigenschaft in ihrer Übertreibung in dieser konkreten Angelegenheit auf mich wirkt und welche Gefühle, Gedanken und welches Verhalten dies bei mir auslöst. Die Frage auf der blauen Seite des VerständigungsWürfels kann ich – wie im nachfolgenden Beispiel – mit einer sachlichen Erklärung oder einem Argument beantworten. Und als Appell gebe ich anschließend meinem Partner einen Hinweis darauf, dass der Sache – und auch ihm selbst! – von Zeit zu Zeit ein wenig mehr Großzügigkeit gut tun könnte.

3.3

Beispiel »Geiz« als konstruktive Kritik formuliert:

Ich schätze deine Sparsamkeit, weil dadurch jeden Monat viel Geld für die Familie übrig bleibt. Meiner Ansicht nach übertreibst du es damit aber ein wenig. Ich habe Freude daran, gelegentlich in ein gutes Restaurant zum Essen zu gehen und das Leben zu genießen. Das haben wir zuletzt im vergangenen Jahr an unserem Hochzeitstag gemacht. Dabei isst du doch selbst so gerne und so gut! Und wir können uns das auch leisten. Deshalb möchte ich, dass du großzügig mit mir und mit dir selbst umgehst, dir und uns öfter mal was gönnst und uns was Gutes tust.

Pedanterie oder »Pingeligkeit« wiederum kann Ausdruck eines besonders hohen Qualitätsanspruchs sein, der mit etwas Nachsicht ausgeglichen werden kann.

Beispiel »Pingeligkeit« als konstruktive Kritik formuliert:

Ich schätze Ihre Genauigkeit bei der Arbeit sehr, und ich erkenne darin Ihren hohen Qualitätsanspruch. Doch ich fürchte, dass wir unwirtschaftlich arbeiten. Ich beobachte, dass wir mehr einzelne Arbeitsschritte als bisher durchlaufen. Vorgesehen und kalkuliert sind nur maximal zwei Korrekturdurchläufe. Bitte seien Sie daher etwas nachsichtiger mit Ihren eigenen Entwürfen. Und versuchen Sie, mit zwei Durchläufen auszukommen. Was wir da nicht entdecken, sollte auch andere nicht stören.

Ich verstehe konstruktive Kritik als Variante des positiven Sprechens. Sie zollt dem Gesprächspartner Respekt und vermittelt ihm das Gefühl, so angenommen zu werden, wie er ist – auch bei gegensätzlicher Meinung in der betreffenden Sache. Zugleich eröffnet sie dem anderen eine Perspektive, sein Verhalten zu ändern, und zwar in eine Richtung, die mir wünschenswert erscheint. Es liegt dann in der Verantwortung des anderen, wie er mit diesem Hinweis umgeht.

Aktives Zuhören

Jede Aussage, die ich höre, eröffnet mir eine Vielfalt an Möglichkeiten, sie zu interpretieren. Das kann eine Quelle vielfältiger Missverständnisse sein. Deshalb kommt dem aktiven Zuhören im Verständigungsprozess eine besondere Bedeutung zu.

Aktives Zuhören zielt darauf, sowohl das Gesagte als auch das Gemeinte zu erfassen, den sachlichen Inhalt des Gesagten ebenso wie seine emotionalen Aspekte. Welche Gefühle sind darin verborgen? Was sagt mir das Gehörte über die Einstellung des Gesprächspartners mir gegenüber? Welche versteckten Botschaften schwingen mit? Durch aktives Zuhören erkenne ich auch unterschwellige Aussagen. Ich kann darauf eingehen und damit das Gespräch und den Verständigungsprozess steuern, indem ich zur Fokussierung auf die Inhalte beitrage und somit auch zur Selbstklärung meines Gegenübers. Und ich kann durch Nachfragen und Paraphrasieren (Wiedergabe des Gehörten mit meinen eigenen Worten) Tempo aus dem Gespräch nehmen. Das erhöht die Chance des gegenseitigen Verständnisses und letztlich auch des Vertrauens in die Verständigung.

Fragen Sie daher gezielt nach und geben Sie mit eigenen Worten wieder, wie das Gehörte bei Ihnen angekommen ist. Dabei erweisen sich folgende vier Schritte beim aktiven Zuhören mit dem VerständigungsWürfel als praktikabel:

1. Zeigen Sie Ihrem Gesprächspartner Ihre Wertschätzung, indem Sie ihm signalisieren, dass Sie ganz für ihn da sind und ihm Ihre ganze

Aufmerksamkeit schenken (gelb): »So, jetzt bin ich ganz Ohr« oder »es freut mich, dass du dich mir in dieser Sache anvertraust«. Es sollte eine störungsfreie Atmosphäre herrschen, also: Handy ausschalten, Telefon umleiten, Tür schließen etc.

2. Erkunden Sie, was der andere zur Sache zu sagen hat (blau), und bringen Sie seine Kernaussagen auf den Punkt, zum Beispiel mit Sätzen wie: »Das heißt also konkret …« oder »Mit anderen Worten …«.
3. Ist dies geklärt, konzentrieren Sie sich auf die Selbstaussageseite des VerständigungsWürfels (grün). Versuchen Sie zu erfassen, was Ihnen Ihr Gegenüber über sich persönlich und seine Gefühlslage mitteilt, und gehen Sie wiederum mit einer Selbst- oder Beziehungsaussage verständnisvoll darauf ein. Häufig genügen schon wenige Worte dafür: »Das kann ich gut verstehen« oder »Das ist mir auch schon passiert« oder »Da fühlen Sie sich natürlich ziemlich herausgefordert«.
4. Achten Sie auf versteckte Botschaften, Appelle (rot). Fassen Sie diese gegebenenfalls noch einmal zusammen: »Sie wünschen sich …«, »Sie erwarten …«, »Sie würden sich wohler fühlen, wenn …«

Abbildung 14: Aktives Zuhören ist die Voraussetzung, um zu verstehen und um infolgedessen Verständnis als Grundlage für eine Verständigung zu entwickeln

Wer aktiv zuhört, indem er wiedergibt, was er vom Gesagten verstanden hat, schafft Feedbackschleifen, die eine Verständigung überhaupt erst möglich machen. Durch Rückfragen und Zusammenfassungen des aktiv Zuhörenden gewinnt ein Gespräch deutlich an Transparenz, ein solches kommunikatives Vorgehen deckt Missverständnisse auf. So setzt aktives Zuhören einen fortlaufenden Korrektur- und Annäherungsprozess in Gang, der das wechselseitige Verständnis für die Position des anderen und damit auch die angestrebte Verständigung fördert.

Die Technik des aktiven Zuhörens wird oft unterschätzt. In Talkshows erleben wir immer wieder, dass dem Reden ein größerer Stellenwert beigemessen wird als dem Zuhören. Gesprächspartner fallen sich ins Wort und lassen selten einander ausreden, was offensichtlich selbst erfahrene Fernsehmoderatoren bisweilen in Nöte bringt. So verkommt die Frage zum Stichwortgeber, die Antwort zur Sprechblase für den Werbetext eigener Ansichten; der Dialog wird zum Schlagabtausch gegensätzlicher Meinungen. Die Chance, durch Zuhören zu verstehen, was der andere meint, wird meist vertan.

In Konfliktsituationen ist es genau das aktive Zuhören, das zur Entschärfung und Deeskalation beitragen kann. Hier ist zuweilen – besonders in festgefahrenen Konflikten – ein professioneller Konfliktmoderator nötig, da die streitenden Parteien aufgrund ihrer emotionalen Verstrickung zu einem aktiven Zuhören meist nicht in der Lage sind. Wenn wir uns – anstatt ein konstruktives Gespräch zu führen – in einem gegenseitigen Schlagabtausch verlieren, bleibt die Aussicht auf Annäherung und Verständigung auf der Strecke. Um die Wahrheit der Situation, so wie sie sich dem anderen darstellt, herauszufinden und zu verstehen, was der Gesprächspartner genau meint, dazu muss ich die Technik des aktiven Zuhörens anwenden. So erfasse ich hinter dem, was der Gesprächspartner kundgibt, auch das, was ihn innerlich bewegt. Ich kann mit kluger und einfühlsamer Fragestellung bewirken, dass der andere sich mehr und mehr öffnet. Das Bild zweier im Dialog aufeinandertreffender VerständigungsWürfel vor Augen, werden mir durch das Abfragen der Außenseiten des anderen VerständigungsWürfels zugleich auch dessen Innenseiten transparent. Dies ist entscheidend für den weiteren Gesprächsverlauf. Wer aktiv zuhört, trägt zum gedeihlichen Miteinander im Verständigungsprozess bei.

Aktives Zuhören – das sei an dieser Stelle erwähnt – fällt besonders Führungskräften schwer, die es gewohnt sind, Dinge schnell zu beurteilen und rasch zu entscheiden. Wer als Führungskraft seinen Mitarbeitern aktiv zuhört, kann letztlich viel gewinnen. Er wird erleben, wie die Mitarbeiter selbst Ver*antwort*ung für ihre Entscheidungen zu übernehmen beginnen, indem er sie durch Hinterfragen und eben auch Paraphrasieren von Sach- und Gefühlslagen zu persönlichen Antworten und eigenständigen Schlussfolgerungen führt. Solche Gespräche können beflügelnd und motivierend auf den Mitarbeiter wirken. Der VerständigungsWürfel gibt dabei die Gesprächsstruktur für das aktive Zuhören vor.

Beispiel:
Ein Mitarbeiter kommt zu Ihnen als Chef und konfrontiert Sie mit den Herausforderungen, mit denen er als Projektleiter zu kämpfen hat. Wie ist damit umzugehen?

1. Fokus auf die Beziehungsseite. Machen Sie dem Mitarbeiter deutlich, dass Sie sich Zeit für ihn nehmen und bereit sind, ihm aufmerksam zuzuhören: Was führt Sie zu mir? Ich höre – was ist Ihr Anliegen? Lassen Sie sich die Wahrheit seiner Situation schildern und strukturieren Sie dabei im Geiste das Gespräch in die drei Phasen »Sache«, »Gefühle und Persönliches«, »Wünsche und Erwartungen«.
2. Fokus auf die Sache, also auf Zahlen, Daten, Fakten durch entsprechende Fragen. Diese könnten beispielsweise lauten: Wie sehen die bisherigen Projektergebnisse aus? Welche Zielsetzungen und Meilensteine haben Sie dem Team gesetzt? Woran erkennen Sie, dass Ihre Teamkollegen sich nicht hinreichend engagieren?
3. Fokus auf die persönliche Lage des Projektleiters, das heißt auf seine Einstellungen und Gefühle im Hinblick auf das Projekt und das Team: Wie schätzen Sie Ihren persönlichen Projektbeitrag bisher ein? Wie geht es Ihnen mit Ihren Teamkollegen in der jetzigen Situation? Sie fühlen sich verunsichert durch das mangelnde Engagement der Kollegen? Sie sind enttäuscht, dass das Team nicht vorankommt?
4. Fokus auf eine Veränderung der Situation durch den Appell an den Projektleiter, seine Erwartungen, seine Ideen und seinen Einsatz für den Fortschritt des Projekts zu formulieren, zum Beispiel mit Fragen wie: Welche Unterstützung wünschen Sie sich von mir? Welche finanziellen und perso-

nellen Ressourcen wollen Sie darüber hinaus in das Projekt investieren? Sie erwarten von Ihren Kollegen mehr Einsatz? Und Sie wollen an dem Ziel festhalten, das Projekt noch bis zur Messe abzuschließen?

Indem die Führungskraft ihrem Projektleiter aktiv zuhört, kann sie ihm als Sparringspartner begegnen. Führung wird dabei kommunikativ bzw. partizipativ statt direktiv ausgeübt. Der Mitarbeiter wird in ein respektvolles Gespräch eingebunden, in dem er einer zugewandten Führungskraft begegnet und jenseits von sachlichen Interessen jene Wertschätzung und Anerkennung erfährt, die so viele Angestellte vermissen. Aktives Zuhören wird so zur Gesprächstechnik und zu einem wesentlichen Merkmal moderner Führung.

Klären

Eine besondere Form des aktiven Zuhörens ist das Klären. Das aktive Zuhören zielt auf ein empathisches Einfühlen in den Gesprächspartner. Zu den Techniken dieser Gesprächsmethode gehören neben Umschreibungen und Zusammenfassungen in erster Linie offene Fragen: Was hast du dann gemacht?, Wie hast du dich dann gefühlt?, Was willst du? Der VerständigungsWürfel liefert als Gesprächsführungsinstrument auch hierfür eine Strukturvorlage, um höchstmögliches Verständnis für mein Gegenüber zu entwickeln.

Das Klären ist sozusagen eine Präzisionstechnik im Rahmen des aktiven Zuhörens. Es ist darauf gerichtet, die Bedeutung einzelner Aussagen auf allen vier Seiten des VerständigungsWürfels auf den Punkt zu bringen. Was ich auf einzelnen Seiten zu hören glaube, überprüfe ich nun ganz genau. Ist das, was der andere gesagt hat, eine Beziehungs-, eine Selbst-, eine Sachaussage oder ein Appell, und wenn ja: Wie müsste der exakte Wortlaut dessen sein, was mein Gegenüber mir *eigentlich* sagen will? Ich kann den Wahrheitsgehalt dessen, was ich gehört habe, in erster Linie mit Hilfe von Suggestivaussagen oder Suggestivfragen zu den Seiten des VerständigungsWürfels erfassen. Im Rahmen des aktiven Zuhörens bezeichne ich diese Form der Stellungnahme auch als Verifizieren oder Hinterfragen, das beispielhaft mit folgenden Formulierungen eingeleitet werden kann (vgl. im Folgenden Weisbach, 2004, S. 4 ff., 23 ff. 41 ff., 57 ff., 79 ff.).

Wenn es darum geht, auf den Punkt zu bringen, wofür der andere mich hält:
Du hältst mich für … (?)
Für dich bin ich ein … (?)
Sie haben Zweifel an mir … (?)
Du vertraust mir nicht … (?)

Wenn es darum geht, auf den Punkt zu bringen, wie es dem anderen geht:
Sie ärgern sich, dass … (?)
Es nervt dich, dass … (?)
Du hasst es, dass … (?)
Du fühlst dich … (?)

Wenn es darum geht, auf den Punkt zu bringen, was der andere von mir will:
Sie möchten/erwarten/rechnen damit, dass ich … (?)
Es geht dir darum, dass ich … (?)
Sie möchten verhindern, dass … (?)
Auf keinen Fall darf passieren, dass … (?)

Wenn es darum geht, eine Sache auf den Punkt zu bringen:
Du sagst, dass … (?)
Mit anderen Worten: … (?)
Das heißt, dass … (?)

Ich »dopple« mit meiner Unterstellung in Du-Form, was der andere gesagt hat, um das, was er gemeint hat, klarzustellen. Damit lasse ich ihm bei der Antwort kaum eine andere Wahl als zwischen einer Bestätigung – »Ja. So ist es« bzw. »stimmt« – oder einer Korrektur: »Nein, so ist es nicht, sondern …« bzw. »stimmt so nicht, sondern …« (vgl. Begriff des »Doppelns« bei Thomann, 2008, S. 291 ff.).

Beispiel:
Ein Kollege aus Ihrem Projektteam, mit dem Sie zusammen ein Konzept ausarbeiten, sagt: Wir haben nicht mehr viel Zeit für das Konzept.
Sie klären auf der Seite der Selbstaussage, wenn es für Sie vordringlich ist zu wissen, welche Nöte den Kollegen plagen: Du fühlst dich durch den engen Zeitrahmen unter Druck. (?)

Sie klären auf der Beziehungsseite, wenn Sie vermuten, dass der Kollege Sie dafür verantwortlich macht, dass das Konzept noch nicht fertig ist: In deinen Augen bin ich es, der hier langsam ist. (?)

Sie klären auf der Appellseite, wenn Sie eine an Sie gerichtete Aufforderung heraushören: Du möchtest, dass wir uns in nächster Zeit verstärkt um das Projekt kümmern. (?)

Sie klären auf der Sachseite, wenn Sie die sachliche Information bestätigt haben wollen, die Sie vermuten: Mit anderen Worten – wir sind mit allem viel zu spät dran!

Darüber hinaus kann beim Klären eine sachliche Frage eine gute Variante sein, wenn es darum geht, den anderen zur Präzision seiner eigenen Aussage zu bewegen. Wenn ich sage: »Wir sind mit allem viel zu spät dran«, dann weiß ich schließlich noch lange nicht, wie viel Zeit für das Konzept tatsächlich bleibt. Die Frage »Wann genau ist denn der Abgabetermin?« oder »Wie viel Zeit haben wir denn noch dafür?« bringt mich hier weiter.

Klären Sie im Verständigungsprozess alles, was es zu klären gibt, bevor Missverständnisse aufkommen und Konflikte daraus entstehen. Klären Sie fair und immer auf den Seiten des VerständigungsWürfels, auf denen aus Ihrer Sicht Klärungsbedarf besteht. Entscheiden Sie sich dabei am besten immer für eine Formulierung, die den anderen zur Klarheit herausfordert, aber eine Eskalation möglichst ausschließt – im Zweifel eher in Frageform als mit einer Aussage. Um zu vermeiden, dass er meine Vermutung als Angriff auffasst, kann ich sie mit dem Einschub des Wörtchens »also« auch als Schlussfolgerung kennzeichnen.

In manchen Situationen, in denen Ihr Gegenüber emotional aufgeladen ist, kann eine Klärung auf der Sachebene nutzbringende Informationen bringen und dabei auch noch deeskalierend wirken. In solchen Fällen ist das Klären auf dieser Seite des VerständigungsWürfels das Mittel der Wahl.

Beispiel:

Sie werden von Ihrem Chef mit folgenden Worten angefahren: Das ist der größte Schwachsinn, den ich je gehört habe.

Denkbare Reaktionen mit voraussichtlich unterschiedlichen Auswirkungen im Hinblick auf den Gesprächsverlauf:

Auf der Sachseite: Was meinen Sie genau?

Auf der Selbstaussageseite: Sie ärgern sich also darüber, dass ich nicht zu denselben Schlüssen gekommen bin wie Sie. (?)
Auf der Beziehungsseite: Sie glauben also, ich hätte mich nicht hinreichend vorbereitet. (?)
Sie halten mich also für inkompetent. (?)
Auf der Appellseite: Sie wollen, dass ich das ganze Konzept noch mal völlig neu mache und von vorne anfange. (?)

Je nachdem, auf welcher Seite des VerständigungsWürfels die Reaktion erfolgt, wird das Gespräch einen anderen Verlauf nehmen. Begreifen Sie dabei Ihren Klärungsversuch als persönliche Chance, den Prozess der Verständigung voranzubringen. Wer auf dieser Grundlage entscheidet, auf welcher Seite des VerständigungsWürfels eine Klärung nötig ist, wird sich im obigen Beispiel vermutlich der Sachseite des VerständigungsWürfels zuwenden.

Deeskalieren

Deeskalieren bedeutet vom Wortsinn her, etwas stufenweise entschärfen (»l'escalier«, frz. die Treppe, Stiege; deeskalieren heißt demzufolge wortwörtlich »die Treppe hinuntersteigen«). Diese Technik ist insbesondere in kritischen Situationen angesagt, die zu eskalieren drohen und somit eine Verständigung vereiteln können. Sie empfiehlt sich in gefühlsgeladenen Auseinandersetzungen, in denen der Gesprächspartner sich ärgert und wütend ist oder in der er Sie mehr oder weniger langatmig mit Vorwürfen konfrontiert, die im Kern sogar berechtigt sind. Wenn in der Wiederholung dieser Vorwürfe ein Teufelskreis in Gang zu kommen droht, können Sie dieser Entwicklung entgegentreten, indem sie nacheinander auf den Seiten des VerständigungsWürfels doppeln und damit die Situation entschärfen: erst die offensichtlichen Emotionen Ihres Gegenübers (grün), dann das, was er von Ihrer Beziehung hält (gelb) und seine Forderungen (rot), bevor Sie dem Deeskalationsmuster folgend mit der Beschreibung einer sachlichen Lösung für sein Problem enden (blau).

Ansatzpunkt für die Gesprächstechnik des Deeskalierens sind also die Gefühle, die Sie an Ihrem Gegenüber wahrnehmen und die Sie – statt darauf mit Abwehr zu reagieren und sich gar zu verteidigen – benennen können: »Du ärgerst dich …«, »Du bist in Rage …«, »Du fühlst dich betrogen …«

usw. Sprechen Sie das aus, was der andere mit seinem Verhalten von sich selbst preisgibt. Doppeln Sie seine Selbstaussage und geben Sie ihm eine kurze Gelegenheit, Ihre Beobachtung zu bestätigen, gegebenenfalls auch zu korrigieren oder zu entschärfen (vgl. Begriff des »Doppelns« bei Thomann, 2008, S. 291 ff.).

Das Doppeln wird auf der Beziehungsseite sowie auf der Appellseite des VerständigungsWürfels fortgesetzt. Sie drehen – jedenfalls im Geiste – den VerständigungsWürfel im Uhrzeigersinn und führen den Deeskalationsprozess fort mit einer Aussage darüber, wofür der andere Sie offenbar hält, sowie mit einer Aussage darüber, was der andere anscheinend von Ihnen will, um ihm schließlich einen Vorschlag zur Sache zu machen.

Das, wofür der andere Sie hält, darf ruhig etwas überzeichnet sein – zum Beispiel: »Du hältst mich für einen unzuverlässigen Schlamper« –, denn dies wird Ihr Gegenüber in der Regel so nicht gelten lassen, sondern einschränken. Das heißt, er wird an dieser Stelle den Teufelskreis von sich aus wieder verlassen (vgl. zur Theorie des Teufelskreises Thomann, 2008, S. 225 ff.). Ihr Vorschlag wiederum sollte kein Appell an den anderen sein, etwas zu tun, sondern am besten eine Vorgehensweise möglichst sachlich beschreiben.

Zwischen den einzelnen Deeskalationsstufen können Sie in einer kurzen Sprechpause Ihrem Gegenüber immer wieder Gelegenheit geben, auf das Gesagte mit einer Bestätigung zu reagieren.

Beispiel:

Ihr Arbeitskollege ärgert sich, weil er der Ansicht ist, Sie hätten ihn schon früher darüber informieren müssen, dass Ihre gemeinsame Präsentation beim Chef um einen Tag vorverlegt wurde und vorher noch in einigen Details geändert werden soll. Sie hatten dazu aus Ihrer Sicht bisher keine Gelegenheit und sagen ihm das auch. Aufgeregt wie er ist, zeigt Ihre Rechtfertigung allerdings keine überzeugende Wirkung auf ihn. Stattdessen wiederholt er seine Vorwürfe an Sie.

Kollege – nachdem er den folgenden Inhalt in ähnlicher Form bereits mehrfach gesagt hat: Mensch, warum sagst du mir das erst jetzt? Ich bin doch noch gar nicht ganz fertig mit meinem Teil. Und das, was ich schon habe, soll ich jetzt auch noch ändern! Wann denn? Ich bin doch morgen gar nicht im Haus! Ich kann mir doch hier im Büro nicht dauernd die Nächte um die Ohren schlagen. Du hast das verpennt und ich darf das jetzt ganz allein ausbaden!

Deeskalieren

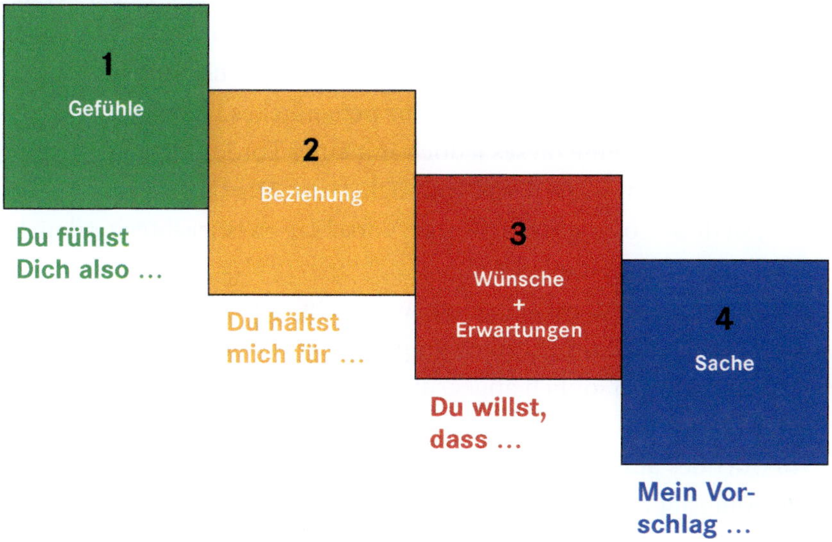

Abbildung 15: Vorlage, um Situationen mit Konfliktpotenzial zu entschärfen

Sie: Du ärgerst dich, dass das jetzt so kurzfristig ist und ich es – aus deiner Sicht – versäumt habe, dich sofort zu informieren.
Kollege: Allerdings.
Sie: Du hältst mich für einen unzuverlässigen Schlamper.
Kollege: Na, das nun auch wieder nicht, aber dass du mir das erst jetzt sagst, bringt nun hauptsächlich mich in Schwierigkeiten.
Sie: Da du das für mein Verschulden hältst und du morgen den ganzen Tag außer Haus bist, willst du, dass ich dir bei der Fertigstellung der Präsentation helfe. (?)
Kollege: Das wäre klasse!
Sie: Gut. Ich mache dir einen Vorschlag: Ich füge morgen die fehlenden Folien in die Präsentation ein, dann brauchst du dich gar nicht mehr darum zu kümmern – es sei denn, du willst nach deinem Kundentermin selbst noch einen Blick drauf werfen. Einverstanden?

Ein solches Vorgehen zeugt von Souveränität im Gespräch. Sie nehmen das Heft des Handelns in die Hand und unterbinden eine weitere Eskalation des Gesprächs, weil Sie den Redefluss Ihres Gegenübers gezielt steuern. Sie fordern ihn nacheinander zu ganz konkreten Stellungnahmen dazu heraus, wie er sich fühlt, was er von Ihnen hält und was er von Ihnen will, um dann schließlich eine Lösung einzuleiten, mit der Ihr Gegenüber einverstanden sein dürfte. Da Sie mit dieser Lösung Ihr persönliches Engagement erkennen lassen können, ohne dieses jedoch mit einer Forderung an den anderen zu verknüpfen (weil Sie damit womöglich unnötig Öl ins Feuer gießen würden), ist diese Lösung als sachlicher Vorschlag zu betrachten und nicht als Appell (vgl. Teil A, Kapitel 2.12).

Freilich erfordert diese Vorgehensweise eine gewisse innere Distanz zu dem Geschehen, das heißt die Fähigkeit, sich von den Vorwürfen des Gegenübers nicht persönlich angegriffen zu fühlen und emotional frei zu bleiben. Mit anderen Worten: Wenn ich mir darüber im Klaren bin, dass der Vorwurf des aufgebrachten Kollegen in erster Linie Ausdruck seiner eigenen Hilflosigkeit in dieser Situation ist, und wenn ich mich nicht davon »anstecken« lasse, werde ich eher in der Lage sein, das beschriebene Deeskalationsmuster abzurufen. Es geht darum, sich einerseits in den anderen einzufühlen und andererseits sich dessen bewusst zu sein, dass es immer eine Auswahl an Möglichkeiten der verbalen Reaktion gibt.

Im Alltag neigen wir sehr oft dazu, auf Vorwürfe mit Abwehr und Rechtfertigung zu reagieren. Das endet allerdings häufig in einem Teufelskreis von Vorwürfen und Schuldzuweisungen, aus dem wir nur schwer herausfinden. Eine ziel- und konsensorientierte Alternative ist es, durch Doppeln – beginnend auf der grünen Selbstaussageseite – die eigene Empathie auszudrücken sowie mit einem Lösungsvorschlag und schließlich einer Einladung zur Stellungnahme den Willen zur Kooperation deutlich zu machen. Es wird dadurch gelingen, den anderen einfach in diese Richtung mitzunehmen. Die beschriebene Vorgehensweise erhält unsere Steuerungs-, Handlungs- und Umsetzungsfähigkeit und bringt uns auch mit herausfordernden Gesprächspartnern auf einen gemeinsamen Nenner.

Metakommunikation

Ansprechen, was ist, ist der erste Schritt zur Metakommunikation, das heißt zur Kommunikation darüber, wie man miteinander spricht. Metakommunikation heißt, den Gesprächsverlauf selbst zum Thema machen und Störungen benennen, um sie zu beseitigen, bevor sich daran ein Konflikt entzündet. Das kann ein ungeduldiger Gesprächston des anderen sein oder Nervosität, latente Aggression, Vorwürfe oder anderes mehr. Metakommunikation zu pflegen, hat also in erster Linie vorbeugende Wirkung.

Metakommunikation wird in Form einer inhaltlichen Auszeit geführt. Diese kann spontan von einem der Gesprächspartner eingelegt werden, wenn er Klärungsbedarf hat. Sie kann aber auch von vornherein eingeplant sein – bei Seminaren, Schulungen und Lehrgängen meist als Mittags-, Abend- oder Morgenrunde. Auch bei allen anderen Arten von Zusammenkünften, Sitzungen, Teammeetings ist diese Form von Zwischenfeedback aufgrund ihrer klärenden Wirkung zu empfehlen. Denn durch Metakommunikation wird zurückgespiegelt, wie das Gesagte bei anderen ankommt. Da es sich dabei häufig um unbewusste Vorgänge handelt, kann dies eine erkenntnisfördernde Wirkung auf das eigene Kommunikationsverhalten haben. Wenn ich erfahre, was ich mit meinen Aussagen – unwissentlich und unabsichtlich – beim anderen auslöse, kann ich für Abhilfe und somit für Bedingungen sorgen, die einer Verständigung dienlich sind.

Wie bei jeder anderen Feedbackvariante ist darauf zu achten, dass ich als Sprecher meine eigenen Beobachtungen und deren Wirkung auf mich beschreibe, statt Vorwürfe in Form von Du-Botschaften zu formulieren. Am ehesten gelingt dies, wenn alle vier Außenseiten des Verständigungs-Würfels bei der Metakommunikation berücksichtigt werden, weil ich als Feedbackgeber dadurch bereits zu einer Differenzierung zwischen Sache, Selbstaussage, Beziehung und Appell angehalten werde. Die Reihenfolge, in der ich die verschiedenen Aspekte beleuchte, spielt dabei eine untergeordnete Rolle, da Metakommunikation aus übergeordneter Perspektive alle vier Aspekte der Kommunikation gleichermaßen beleuchtet: Wie wir miteinander sprechen, was wir von uns mitteilen, was wir zu Sachthemen sagen und was wir von den anderen wollen. Je differenzierter und präziser meine Rückmeldung allerdings ist, desto größer die Akzeptanz auch bei heiklen Themen.

Beispiel 1:

Ich möchte die inhaltliche Diskussion an dieser Stelle kurz unterbrechen. Nach einem Vormittag intensiven Arbeitens sind ja nun schon einige Beschlüsse von Tragweite gefasst worden. Und das Engagement, das Sie hier alle an den Tag gelegt haben, schätze ich sehr. Beim aktuellen Thema habe ich allerdings den Eindruck, dass einige gar nicht mehr so recht bei der Sache sind. Ich bitte Sie dazu um eine kurze Rückmeldung - zum Beispiel Sie, Herr Hinzen, oder auch Sie, Herr Kunze.

Beispiel 2:
Das ist eine tolle Gruppe - so viele kompetente Leute! Das gefällt mir! Nur eben jetzt stört mich eine Sache: Die einzelnen Diskussionsbeiträge dauern für meinen Geschmack zu lange. Ich habe auf die Uhr geschaut, und zum Teil reden die Einzelnen mehr als 15 Minuten. Daher meine Bitte - auch an die Moderatoren: Achten Sie darauf, dass Sie nur das vorbringen, was wirklich wichtig für alle ist, damit wir den Zeitrahmen nicht sprengen.

Beispiel 3:
In diesem Teamgespräch heute fühle ich mich sehr wohl. Die Themen sind sehr interessant für mich, besonders das Thema XY. Es gefällt mir, dass wir hier alle sehr respektvoll miteinander umgehen. Bei Thomas habe ich gelegentlich den Eindruck, dass es ihn nervt, wenn ich etwas sage. Möglicherweise bin ich manchmal etwas ausschweifend in meinen Beiträgen. Wenn das so ist, dann bitte ich um entsprechende Rückmeldung.

Beispiel 4:
Das war ein spannendes Treffen. Vielen Dank für das inspirierende Gespräch. Ich konnte viel aus Ihren Berichten lernen und gehe jetzt müde, aber zufrieden nach Hause. Ich hoffe, Sie bringen auch von Ihrer nächsten Reise viele interessante Geschichten mit!

Die Beispiele zeigen, dass Metakommunikationsrunden auch dann sinnvoll sind, wenn keine Störungen vorhanden sind. Denn es wirkt sich immer positiv auf das Miteinander aus, wenn Erfreuliches angesprochen und aufbauendes Feedback gegeben wird. Ausschlaggebend ist in jedem Fall die Haltung des Sprechers. Bringen Sie das, was Sie zu sagen haben, mit besonders viel Respekt gegenüber Ihren Gesprächspartnern vor. Schließlich verfolgt Metakommunikation gerade den Zweck, die Kommunikation zu optimieren, indem auch das transparent gemacht wird, was in einem sachbezogenen Gespräch keinen Platz findet. An einer solchen Stelle dem anderen ordentlich die Meinung geigen zu wollen, wäre kontraproduktiv.

Wer den Rahmen für Kritik nutzen will, kann dies tun, wenn er beherzigt, was zu dieser Gesprächstechnik bereits gesagt wurde: Konzentration auf das, was Sie gutheißen, bevor Sie das erwähnen, was Sie stört. Tun Sie alles, was die Akzeptanz des von Ihnen Gesagten erhöht. Denn das ist es ja, was wir letztlich wollen: gehört und verstanden werden und eine Veränderung dort bewirken, wo wir uns gestört fühlen oder wo wir selbst glauben, andere zu stören!

Beispiel 5:
Solange wir uns in der Vorgehensweise bei unserem gemeinsamen Projekt einig sind, kommen wir sehr gut miteinander aus, und dann arbeite ich auch gerne mit dir zusammen. Doch bei Meinungsunterschieden wie gestern beobachte ich, dass du mich immer wieder unterbrichst und mich nicht ausreden lässt. Das hindert mich daran, mir Gehör zu verschaffen und meinen Standpunkt deutlich zu machen. Das macht mich hilflos und es kränkt mich. Ich bitte dich da um etwas Selbstkontrolle. Es wäre schön, wenn es dir gelänge, dich selbst ein wenig zu beobachten und darauf zu achten, dass du mich nicht unterbrichst.

Metakommunikation wird im Alltag – beruflich wie privat – sträflich vernachlässigt. Es ist, als sei da eine Hemmschwelle zu überwinden. Wie kann ich ansprechen, was mich stört, ohne Porzellan zu zerschlagen und mich unbeliebt zu machen? Vielleicht hält uns dieser Gedanke von Metakommunikation ab. Doch die Erfahrung zeigt: Wir bereiten einen guten Nährboden für die Beziehung, indem wir – im Zweifel – immer zuerst eine anerkennende Botschaft vermitteln und dann mitteilen, was wir beobachten und wie das Beobachtete auf uns wirkt. Und dann können wir auch unseren Appell an den Gesprächspartner formulieren.

Metakommunikation schadet nur dem, der sie nicht pflegt. Teams, die in ihren Sitzungen regelmäßige Gespräche über die Art und Weise ihrer Kommunikation führen, arbeiten reibungsloser und damit effizienter als zuvor (vgl. Prior, 2012). Paare, die sich immer einmal wieder über die Qualität ihrer Beziehung und ihre Art der Kommunikation austauschen, sind mit ihrer Partnerschaft zufriedener als Paare, die das nicht tun, und empfinden ihre Beziehung als inniger, aufrichtiger und erfüllender. Deshalb: Mut zu Metakommunikation!

3.3

Entschuldigung

Wenn Kommunikation misslingt, insbesondere wenn sich Ihr Gesprächspartner brüskiert, verletzt, persönlich angegriffen, diskreditiert fühlt: Entschuldigen Sie sich dafür! Jede Entschuldigung ist ein Appell an den Gesprächspartner zu verzeihen: eine unbedachte Bemerkung ebenso wie einen absichtlichen Hieb unter die Gürtellinie. Je eher Sie sich eines Fauxpas bewusst werden und je eher Sie sich einen unbeabsichtigten Fehler im Gesprächsverlauf eingestehen und korrigieren, umso besser. Je länger Sie warten, desto größer ist die Gefahr, dass der andere einen Groll gegen Sie entwickelt, den er so einfach nicht mehr loslassen wird und der ein Vergeben erschwert, wenn nicht fast unmöglich macht. Wie bringe ich also meine Entschuldigung möglichst wirkungsvoll, glaubwürdig und authentisch vor? Und gibt es Dinge, die unentschuldbar sind?

Es gibt Entschuldigungen, die einem spontan über die Lippen gehen, und solche, zu denen man sich aufraffen muss. Ersteres gelingt mir, wenn ich im Gesprächsverlauf einen Fehler nicht nur spontan erkenne und bedaure, sondern wenn ich auch sofort das Bedürfnis verspüre, den Fehler zu korrigieren, weil mir an dem anderen und an einem einvernehmlichen Gesprächsausgang sehr gelegen ist. Hilfreich ist es, wenn der Gesprächspartner in die Techniken des aktiven Zuhörens und Klärens eingeweiht ist, dann kann er zur Klärung von Missverständnissen auf der Beziehungsseite beitragen.

Beispiel 1:

Sie halten mich also für inkompetent.

Entschuldigung: Nein. Natürlich nicht. So habe ich das nicht gemeint. Tut mir leid, wenn Sie das so aufgefasst haben. Ich halte Sie sogar für ausgesprochen bewandert auf diesem Gebiet. Vielmehr wollte ich einfach sagen, dass auch die beiden letzten Punkte, die wir besprochen haben, in den Vertrag gehören. Nicht dass wir da etwas vergessen. Ich möchte Sie sogar ausdrücklich bitten, den Kaufvertrag selbst und möglichst bald aufzusetzen, damit wir das Geschäft zügig unter Dach und Fach bringen können.

Beispiel 2:

Du glaubst also, ich bin für diese Aufgabe nicht gut genug.

Entschuldigung: Nein. Entschuldige bitte, falls ich mich vorhin etwas plump ausgedrückt haben sollte. Ich wollte dir nicht zu nahe treten. Ich schätze sehr, was du dir in den ersten zwei Jahren deiner Mitarbeit in unserem Unternehmen an zusätzlichem Fachwissen angeeignet hast. Allerdings würde ich dir nahelegen, noch ein wenig Erfahrungen zu sammeln, bevor du diesen Posten übernimmst.

Für die Entschuldigung gibt es kein Patentrezept, was die Reihenfolge der Redeinhalte angeht. Da es jedoch darum geht, einen persönlichen Angriff zu revidieren, sollten Sie in Ihrer Entschuldigung gerade auf der Beziehungsseite einen besonderen Akzent setzen – also hervorheben, was Sie am anderen schätzen, und vor allem klarstellen, was Sie wirklich sagen wollten.

Sollten Sie unbeabsichtigt den Eindruck erweckt haben, dem anderen etwas nicht zuzutrauen, so können Sie dies korrigieren, indem Sie dem anderen eine besondere Aufgabe anvertrauen (vgl. Beispiel 1, rot markierter Satz). Dies allerdings nur, sofern Sie dieses Vertrauen in Ihren Gesprächspartner auch tatsächlich haben. Ist dies nicht der Fall, so begründen Sie Ihre Vorgehensweise (wie in Beispiel 2).

Nicht immer ist Ihr Gegenüber so selbstbewusst, mutig, willens oder in Sachen Kommunikation bewandert, dass er Ihnen bei Ihrer Entschuldigung auf die Sprünge hilft und Sie dazu herausfordert. Doch wer aufmerksam ist und aktiv zuhört, kann eine Verstimmung des Gesprächspartners auch an seinem Verstummen, an schnippischen Bemerkungen oder an der Körpersprache erkennen und dann darauf reagieren. Dazu bietet sich die Metaebene in hervorragender Weise an. Sprechen Sie an, was Sie wahrnehmen, und entschuldigen Sie sich notfalls auch prophylaktisch, wenn Ihnen an einer Verständigung gelegen ist.

Beispiel 3:

Womöglich war ich vorhin etwas zu spöttisch. Falls mein Eindruck stimmt: Es tut mir leid. Das ist manchmal meine Art. Ich wollte Ihnen wirklich nicht zu nahe treten.

Je weniger Ihr Verhalten – wie das in Beispiel 3 der Fall ist – mit der anderen Person zu tun hat, desto eher sollten Sie sich in Ihrer Entschuldigung auf sich selbst fokussieren. Betonen Sie also die Selbstaussageseite und geben Sie dem anderen gegebenenfalls eine »Gebrauchsanweisung« für die eigene

Person mit auf den Weg – zum Beispiel: »Das ist manchmal meine Art. Solche spöttischen Frotzeleien von mir sind keinesfalls ernst zu nehmen.«

Beispiel 4:
Kann es sein, dass ich gerade etwas Falsches gesagt habe oder Ihnen gar zu nahe getreten bin?
Antwort abwarten und sich entschuldigen, wenn erkennbar ist, dass Sie ins Schwarze getroffen haben:
Entschuldigen Sie bitte. Manchmal habe ich eine etwas spöttische Art, die allerdings nicht persönlich gemeint ist.

Sollte es etwas geben, was Sie in diesem Zusammenhang am anderen anerkennend hervorheben können oder wollen, um mit Nachdruck darauf hinzuweisen, dass Ihre spöttische Art Ihrem Respekt dem anderen gegenüber keinen Abbruch tut, so können Sie dies selbstverständlich auch tun. Nach dem Motto »Wertschätzung ist immer gut« könnte die Antwort dann lauten:

Entschuldigen Sie bitte. Manchmal habe ich eine etwas spöttische Art, die allerdings nicht persönlich gemeint ist. Ich mag und schätze Sie als Kollegen wirklich sehr.

Ist der eigene Fehler im Gespräch ganz offensichtlich – beispielsweise, wenn Sie laut, heftig oder gar verbal aggressiv oder ausfällig geworden sind – und steht Ihr Gesprächspartner bei Ihnen in Misskredit, kann Ihnen eine Entschuldigung natürlich schwerfallen. Dann kann schon ein »Entschuldige bitte …« eine unüberwindliche Hürde darstellen. Schließlich haben Sie nicht nur den anderen verletzt, sondern deutlich gemacht, dass der andere bei Ihnen einen wunden Punkt getroffen hat. Was tun?

Meine Empfehlung: Vertagen Sie das Gespräch und warten Sie ab, bis sich Ihre Emotionen beruhigt haben. Klären Sie, was Ihre Absicht war, wenn Sie selbst keinen Groll mehr gegenüber dem anderen verspüren. Denn nur dann wird Ihre Entschuldigung authentisch sein.

Natürlich besteht die Gefahr, dass die Entschuldigung vom anderen gar nicht mehr angenommen wird, weil er Ihr Verhalten für unentschuldbar oder die Entschuldigung für verspätet hält. Doch in Tat und Wahrheit gibt es nichts, was unentschuldbar wäre. Schließlich sind wir alle Menschen mit persönlichen Schwächen und Verletzungen, die uns manchmal aus der Haut fahren lassen. Dies soll Sie jedoch von Ihrem guten Willen zur Verständigung und von einer Entschuldigung nicht abbringen. Verständigung lässt sich nicht erzwingen, denn es gehören immer zwei dazu. Man muss sie wollen. Und vor allem – immer muss einer den ersten Schritt dazu tun.

Schritt 7: Treffen einer Übereinkunft und Gesprächsabschluss

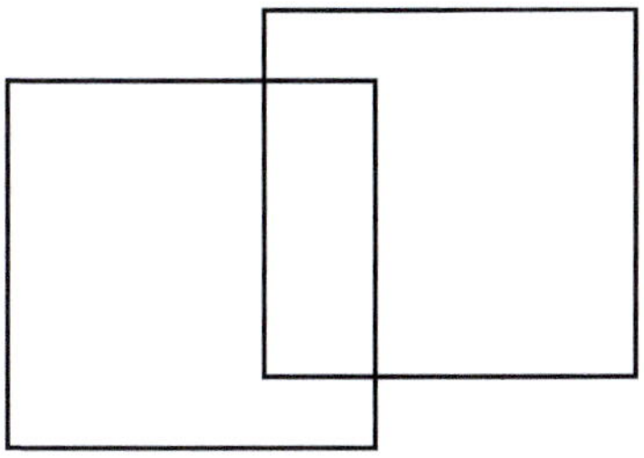

Abbildung 16: Zusammenfassung der inhaltlichen Überschneidungen in Form einer Übereinkunft und Zukunftsplanung durch das Treffen von Vereinbarungen

Ziel: Verständigung mit nachhaltiger Wirkung

Verständigung ist nicht nur ein Prozess, sondern auch das Ziel. Folglich gilt es, im Gespräch immer wieder Schlussfolgerungen zu ziehen, um neben den Unterschieden die Gemeinsamkeiten herauszuarbeiten – vor allen Dingen, um die Schnittmengen mit Blick auf das Ziel zu benennen und festzuhalten. Diese dienen dann als Grundlage für weiteres gemeinsames Planen und Handeln oder für eine Übereinkunft, einen Vertrag oder für konkrete Maßnahmen. Machen Sie dabei transparent, dass die Schlüsse – die Sie auf allen vier Seiten des VerständigungsWürfels ziehen können – Ihre Interpretation sind. Damit ermöglichen Sie Ihrem Gegenüber, Sie gegebenenfalls zu korrigieren und Klarheit im Hinblick auf ein gemeinsames Ziel schaffen.

Beispiel 1: Schlussfolgerung auf der Appellseite des VerständigungsWürfels
Chef sagt: Bitte erledigen Sie das sofort.
Ihre Reaktion: Okay. Soll ich also die Abschrift dieses Briefs erst einmal zurückstellen?
Chef antwortet: Nein, auf keinen Fall. Der Brief muss noch heute raus, und dann beginnen Sie mit der Buchhaltung.

Beispiel 2: Schlussfolgerung auf der Selbstaussageseite und der Sachseite des VerständigungsWürfels

Sie sind mit Ihrem Partner oder Ihrer Partnerin fürs Theater verabredet, geraten aber durch die Arbeit im Büro in Zeitnot.

Partner/-in: Ich glaube, ich schaff das heute nicht mehr, rechtzeitig im Theater zu sein.

Ihre Reaktion: Das klingt so, als hättest du dich schon damit abgefunden.

Partner/-in: Das nun auch wieder nicht, aber ich hab noch viel zu tun und komme nachher sicher wieder in den Feierabendstau.

Ihre Reaktion: Du willst also unbedingt mit dem Auto zum Theater kommen?

Partner/-in: Na ja, ich könnte auch mit der S-Bahn fahren.

Ihre Reaktion: Das würde bedeuten, dass du das Auto stehen lässt, die Bahn um 18.30 Uhr nimmst und es so doch noch schaffst.

Partner/-in: Ja, sieht so aus. So könnte ich das machen. Gute Idee.

Schlussfolgerungen können mit einer ganzen Reihe von Redewendungen eingeleitet werden: »Das heißt ...«, »Ich ziehe daraus den Schluss ...«, »Das klingt, als ob ...«, »Daraus lässt sich ableiten ...« Sie schaffen Klarheit für beide Gesprächspartner und Raum für Lösungen, wie das gemeinsame Ziel erreicht werden kann.

Fassen Sie – je nach Komplexität der in Rede stehenden Sache – Ihre Schlussfolgerungen abschließend zusammen, um auch die letzten Missverständnisse auszuräumen und das Ergebnis zu sichern.

So könnte Ihre abschließende Reaktion in Beispiel 1 lauten:

Gut, Chef. Dann mache ich jetzt erst den Brief fertig und beginne dann mit der Buchhaltung.

In Beispiel 2 könnte der Dialog folgendermaßen schließen:

Partner/-in: Ja, sieht so aus. So könnte ich das machen. Gute Idee.

Ihre Reaktion: Gut. Dann warte ich um 19.30 Uhr auf dich vor dem Eingang.

Partner/-in: Einverstanden.

Je nach Kontext kann die Übereinkunft schriftlich festgehalten werden. Das empfiehlt sich immer dann, wenn es darum geht, wichtige Zahlen zu bestätigen, Daten, Fakten festzuhalten, etwa per E-Mail oder SM sondere im geschäftlichen Umfeld. Ferner: Vereinbarungen am E Workshops oder einer Sitzung protokollieren, Auftrag schriftlic gen lassen, ebenso bei Terminen, und jede bezahlte Rechnung sc quittieren lassen.

Beschließen Sie darüber hinaus jedes persönliche geschäftliche Treffen mit einer kleinen Metakommunikationsrunde. Geben Sie Ihrem Gegenüber ein wertschätzendes Feedback zum Gesprächsverlauf und fassen Sie das, was für Sie wesentlich ist, nochmals mit einem kurzen Ausblick auf die Zukunft zusammen. Damit signalisieren Sie Ihre Zufriedenheit mit dem Gespräch, was der weiteren Zusammenarbeit dienlich ist, weil sie beiden Seiten das Gefühl vermittelt: »Jawohl – das ist jetzt eine runde Sache. Gerne wieder so!«

Beispiel 1:

Es freut mich sehr, dass wir heute so effizient miteinander getagt haben und zu einem tragfähigen Geschäftsabschluss gekommen sind. Das erleichtert mich sehr. Besonders froh bin ich über Ihren Vorschlag, noch den Paragraphen XY in unseren Vertrag mit aufzunehmen. Das halte ich für eine sehr gute Lösung unseres Problems. Schicken Sie mir das zu unterzeichnende Schriftstück bitte zu, sobald alle Korrekturen eingearbeitet sind. Und dann auf weiterhin gute Zusammenarbeit!

Sie können sich durchaus auch kürzer fassen.

Beispiel 2:

Herzlichen Dank nochmals für die gute Zusammenarbeit! Ich freue mich sehr darüber! Die begeisterten Rückmeldungen zeigen, dass wir das Programm zielgruppenorientiert zusammengestellt haben. Und wenn Sie wieder ein Training brauchen, dann rufen Sie einfach an!

Wenn Sie sich und anderen offen zeigen, wie sehr Sie die Verständigung und das Ergebnis schätzen, dann wird Sie das für zukünftige Kooperationen beflügeln. Dieses kleine Ritual zum Gesprächsabschluss – Übereinkunft und wohlmeinendes Feedback – wirkt positiv in die Zukunft hinein. Sie bekräftigen eine Erfahrung, an die Sie und Ihr Geschäftspartner sich beide gerne erinnern werden, und schaffen damit den Grundstein für weitere gemeinsame Ziele.

Teil B:
Anwendungsfelder für den VerständigungsWürfel

1 Der VerständigungsWürfel in der Praxis

Der VerständigungsWürfel kann sich in vielen Situationen als ein nützlicher Begleiter erweisen. Besonders hilfreich ist er für all diejenigen, die die Basisanwendungen, wie in Teil A beschrieben, gründlich geübt haben – etwa im Rahmen eines Seminars. Sie ziehen den größten Nutzen aus dem VerständigungsWürfel, gleichviel, ob sie als Trainer oder Coach unterwegs sind oder ihn als Selbstcoaching-Instrument anwenden. Für sie bietet dieses Buch die nachfolgenden Übungen an, um den Lernstoff bei Bedarf zu wiederholen und um sie als Vorlage für die eigene Praxis zu verwenden.

Im Seminarumfeld, wo der VerständigungsWürfel als Schulungsinstrument für alle in diesem Buch beschriebenen Gesprächstechniken eingesetzt wird, ist der Lerneffekt schon allein deshalb am größten, weil wir dort immer auf ein Gegenüber treffen, mit dem wir uns über den Lernstoff zu verständigen haben. So kann das theoretische Basiswissen zum VerständigungsWürfel sofort praktisch umgesetzt werden. Darüber hinaus nutze ich ihn im Seminar als lernaktivierendes Tool sowie für Einstiegs-, Kennenlern-, Metakommunikationsrunden und Spiele.

Wer den versierten Umgang mit dem VerständigungsWürfel beherrscht, kann ihn nicht nur als Selbstcoaching-Instrument zur Vorbereitung von herausfordernden Gesprächen mit Mitarbeitern, Kollegen, Geschäftsfreunden und Partnern verwenden. Vielmehr bietet er sich auch zur Unterstützung von Entscheidungen an, die unsere Klienten oder die wir für uns selbst zu treffen haben. Gleichermaßen hat er sich als Hilfsmittel bewährt, um eigene Konflikte anzusprechen und zu klären.

Wie auch immer Sie den VerständigungsWürfel anwenden möchten – in den folgenden Kapiteln finden Sie als Ergänzung zur Schritt-für-Schritt-

Anleitung (siehe → Teil A, Kapitel 3) Anwendungsvorschläge und Praxisbeispiele für Training, Coaching und Selbstcoaching.

Dabei eignen sich folgende Abschnitte aus Teil B auch zum Selbststudium außerhalb des Seminarkontextes, beispielsweise da sie nicht an ein Rollenspiel geknüpft und Lösungsvorschläge in die einzelnen Kapitel mit eingebunden sind:

- Begriffsdefinition: Kommunikation versus Verständigung,
- vier Basisaspekte einer Aussage,
- Übungen: Was liegt an?, In allen Situationen gut ankommen, Palmensätze parieren, Erhitzte Gemüter besänftigen, Wie ticke ich?

2 Interaktiver Einsatz des VerständigungsWürfels im Training

Jeder erfahrene Seminarleiter kennt den hohen Anspruch an qualifizierte Kommunikationstrainings heutzutage. Seminare werden zu den unterschiedlichsten Aspekten von Kommunikation angeboten, und zwar in großer Fülle. Wie kann ich mich da als Trainerin oder Trainer von anderen unterscheiden? Welche neuen Methoden kann ich anwenden, ohne mich selbst und die Teilnehmer damit zu überfordern? Wie kann ich gleichzeitig ein Höchstmaß an Effizienz erreichen? Und was gebe ich den Teilnehmern praktisch an die Hand, das ihnen auch im Alltag nutzt, als Anker für das Gelernte dient und den Praxistransfer unterstützt? Voilà: Der VerständigungsWürfel bietet all das!

Er liegt gut in der Hand und ist praktisch: Bunt, faltbar und anschaulich macht der VerständigungsWürfel im Seminar viele verschiedene Aspekte der Kommunikation im wahrsten Sinne des Wortes begreifbar. Egal, ob es die Grundlagen der Kommunikation betrifft, ob ich Beschwerdegespräche mit einem Serviceteam trainiere oder ob ich mit Personalverantwortlichen das Führen von Mitarbeitergesprächen übe: Der VerständigungsWürfel leistet mir gute Dienste dabei, die Seminarteilnehmer mit den Grundprinzipien von Verständigungsprozessen vertraut zu machen und Gesprächstechniken wie Feedback, aktives Zuhören, konstruktive Kritik usw. zu üben. Dabei arbeite ich im praktischen Teil mit den konkreten Kommunikationserfahrungen der Teilnehmer. Das setzt die Bereitschaft der Teilnehmer voraus, persönliche Beispiele aus ihrem Alltag zur Verfügung zu stellen und im Plenum darüber zu sprechen. In diesen Praxisfällen ernte ich die größten Aha-Effekte. Dort zeigt der VerständigungsWürfel seine Wirkweise und seinen Nutzen als Grundlage für den erfolgreichen Praxistransfer auf besonders anschauliche Art.

Für mich ist der VerständigungsWürfel ein Instrument für alle Trainingsfälle. Ich kann ihn zur Vermittlung nahezu aller meiner Kommunikationsthemen einsetzen und ihn mit anderen kommunikationspsychologischen Modellen verknüpfen. In den folgenden Kapiteln möchte ich den Einsatz des VerständigungsWürfels in unterschiedlichen Kontexten und Situationen veranschaulichen.

Meine Seminare sind maßgeschneidert. Das heißt, ich passe die Übungen dem Kontext der entsprechenden Zielgruppe an. Die nachfolgenden Übungen erprobte ich in unterschiedlichen Varianten und stimmte sie auf die jeweilige Zielgruppe – Studierende wie Führungskräfte – ab.

Eine Vielzahl von Übungen habe ich selbst entwickelt, wobei reale Beispiele von Seminarteilnehmern in vielen Fällen die Vorlage lieferten. Manche Übungen lernte ich in Weiterbildungsseminaren oder Intervisionsgruppen kennen. Und ich ließ mich von Rollenspielen aus einschlägigen Seminarbüchern inspirieren und passte sie dem Einsatz des VerständigungsWürfels an (vgl. Neumann, Heß u. Trainernetzwerk study & train, 2007, sowie Kalnins u. Röschmann, 2008).

Die Angaben zur Dauer der Übungen dienen lediglich zur Orientierung. Jeder Trainer hat sein eigenes Tempo, und die Art der Anleitung mag individuell sehr unterschiedlich sein. Planen Sie daher bei der Übertragung in Ihr eigenes Trainingskonzept genügend Puffer ein und legen Sie sich die eine oder andere Übung in Reserve für den Fall, dass Sie den Puffer nicht brauchen.

Im Schlusskapitel dieses Teils finden sich Beispiele für einzelne Module eines zweitägigen Basisseminars mit dem VerständigungsWürfel. Es steht Ihnen als Trainerin oder Trainer frei, den VerständigungsWürfel innerhalb eigener Seminarkonzepte bei einzelnen Themen oder Spielen einzusetzen.

2.1 Seminareinstieg

Die meisten Kommunikationstrainings werden heutzutage in Form von zweitägigen Seminaren gebucht. Dies gilt vor allem für Inhouse-Seminare. Das Argument dafür lautet, dass nicht gleich zwölf Mitarbeiter auf einen Schlag für drei oder mehr Schulungstage fehlen dürfen. Durchaus nachvollziehbar, doch üben diese Vorgaben auf Trainer zuweilen beträchtlichen Druck aus.

Schließlich brauchen gerade Kommunikationstrainings neben dem vermittelten Wissen auch genügend Zeit für die Anwendung und das Üben. Ich empfehle daher, den VerständigungsWürfel zu einem möglichst frühen Zeitpunkt im Seminar auf spielerische Weise einzuführen und die Teilnehmer damit vertraut zu machen. Denn der VerständigungsWürfel ist eine recht komplexe Angelegenheit und erfordert einiges an Training, damit er seine volle Wirksamkeit entfalten kann. Doch er lässt sich auch auf intuitive Art nutzen, beispielsweise in der Einstiegsrunde, und zwar in verschiedenen Varianten.

Lernziele der nachfolgenden Übungen zum Seminareinstieg:

- Kennenlernen des VerständigungsWürfels als Schulungsinstrument,
- Unterschiede zwischen Selbstaussage, Beziehungsaussage, Sachaussage und Appell erkennen.

Einstiegsrunden im Stuhlkreis

Variante 1

Durchführung: Der Seminarleiter gibt einem Teilnehmer einen VerständigungsWürfel in die Hand und fordert ihn dazu auf, nacheinander die Fragen auf den vier farbigen Außenseiten zu beantworten. Der Seminarteilnehmer soll also etwas über sich mitteilen, eine Aussage über sich und die Gruppe machen, etwas zur Sache bzw. zum Thema sagen – Kommunikation – und seine Erwartungen formulieren. Hat der Teilnehmer auf jede Frage eine Antwort gegeben, reicht er den VerständigungsWürfel an den nächsten Seminarteilnehmer weiter. Der Würfel macht so lange die Runde, bis jeder Teilnehmer die Gelegenheit hatte, den Würfel in die Hand zu nehmen und die Fragen zu beantworten.

Dauer: bei zwölf Teilnehmern und Begrenzung auf ein bis zwei Kernsätze pro Würfelseite ca. 20–25 Minuten.

Material: ein VerständigungsWürfel

Hinweis – Praxiserfahrung: Bei dieser Variante der Übung erleben die Teilnehmer, dass die Übergänge zwischen den Aussagen zu den verschiedenen Seiten des VerständigungsWürfels fließend sein können.

Es empfiehlt sich, in dieser Phase genau darauf zu achten, dass die Teilnehmer nur jeweils eine Frage des VerständigungsWürfels beantworten, damit die Unterschiede möglichst klar und deutlich werden (vgl. zur inhaltlichen Abgrenzung der vier Seiten des VerständigungsWürfels → Teil A, Kapitel 2.12).

Variante 2

Durchführung: Die Seminarteilnehmer sitzen im Stuhlkreis. Auf den Stühlen sind rote, gelbe, grüne und blaue Schokoladequadrate ausgelegt. Ein VerständigungsWürfel macht die Runde. Jeder Teilnehmer wird dazu aufgefordert, eine der vier Fragen auf den farbigen Außenseiten des VerständigungsWürfels zu beantworten – und zwar diejenige Frage, die der farblichen Markierung seines Sitzplatzes entspricht. Wer ein grünes Schokolädchen hat, beantwortet die Frage »Was will ich von mir mitteilen?«, wer ein gelbes hat, beantwortet die Frage »Was will ich über den anderen (die anderen) und unsere Beziehung sagen?« und so weiter im Wechsel.

Da bei dieser Form der Einstiegsrunde nur ein Teil der Gruppe Gelegenheit hat, etwas über sich selbst zu sagen, eignet sie sich vor allen Dingen dann, wenn sich die Teilnehmer untereinander bereits gut kennen und wenn aufgrund der eingeschränkten Dauer eines Workshops die persönlichen Angaben für den weiteren Trainingsverlauf nicht relevant sind.

Dauer: bei zwölf Teilnehmern und Begrenzung auf ein bis zwei Kernsätze pro Würfelseite ca. 10 Minuten

Material: ein VerständigungsWürfel; gelbe, grüne, blaue und rote Schokoladequadrate entsprechend der Teilnehmerzahl

Hinweis – Praxiserfahrung: Ist wie in diesem Fall von den Teilnehmern nur zu einer einzigen Seite des VerständigungsWürfels eine Antwort gefragt, so fällt ihnen die Fokussierung auf die Fragestellung leichter. Die Antworten fallen in der Regel präziser aus.

Dynamische Einstiegsrunden

Variante 1: Vorstellungsrunde auf Zuwurf

Durchführung:
Runde 1: Die Seminarteilnehmer stehen im Kreis und werfen sich einen VerständigungsWürfel zu. Wenn ich als Teilnehmer den VerständigungsWürfel zugeworfen bekomme, teile ich den anderen auf der grünen Außenseite des VerständigungsWürfels etwas Grundlegendes über mich mit – und zwar meinen Namen. Danach werfe ich den Würfel weiter.

Runde 2: Hat jeder Teilnehmer einmal seinen Namen gesagt, wird in der zweiten Runde nicht nur der Name wiederholt, sondern derjenige, der den Würfel zugeworfen bekommt, wird vom Seminarleiter dazu aufgefordert, auf der grünen Selbstaussageseite des VerständigungsWürfels noch weitere wesentliche Mitteilungen über sich zu machen, etwa seinen Beruf, Familienstand oder ein Hobby zu nennen – zum Beispiel: »Ich heiße Sabine, bin Buchhalterin und mein Hobby ist Reiten.« »Ich heiße Frank, bin Ingenieur, verheiratet und habe zwei Kinder.«

Die Teilnehmer werfen sich den VerständigungsWürfel so lange zu, bis sie sich die Namen eingeprägt haben. Dies kann überprüft werden, indem die Teilnehmer eine weitere Runde lang den Namen desjenigen nennen, dem sie den VerständigungsWürfel zuwerfen.

Dauer: bei zwölf Teilnehmern ca. 10–15 Minuten

Material: ein VerständigungsWürfel

Hinweis – Praxiserfahrung: Da sich die Übung auf die Selbstaussage beschränkt, ist sie vor allem für Einstiegsrunden mit Teilnehmern geeignet, die sich noch nicht kennen.

Variante 2: Wechselnde Paarungen

Durchführung: Jeder zweite Seminarteilnehmer bekommt einen VerständigungsWürfel. Die Teilnehmer gehen im Seminarraum umher, bis der Seminarleiter eine Farbe ausruft, zum Beispiel »Grün«. In dem Moment sucht sich jeder Teilnehmer einen Partner mit VerständigungsWürfel, mit dem er sich auf der grünen Außenseite des VerständigungsWürfels austauscht: Das heißt, beide stellen sich einander vor und teilen in zwei, drei Sätzen etwas über sich mit.

Der Seminarleiter beendet die Einzeldialoge nach wenigen Minuten und fordert die Teilnehmer dazu auf, im Raum weiterzugehen, bis er die nächste Farbe ausruft – zum Beispiel »Blau«. Die Teilnehmer suchen sich nun einen neuen Gesprächspartner mit VerständigungsWürfel und die beiden tauschen sich miteinander darüber aus, was sie zur Sache mitteilen wollen, das heißt zum Seminarthema Kommunikation. Dieses Vorgehen wiederholt sich, bis alle vier farbigen Außenseiten des VerständigungsWürfels ausgerufen und in den einzelnen Paarungen besprochen worden sind (= eine Runde).

Nach einer Runde oder vier Durchläufen hat sich jeder Teilnehmer mit vier verschiedenen Gesprächspartnern zu den vier verschiedenen Außenseiten des VerständigungsWürfels ausgetauscht. Je nach Stimmung sind noch weitere Runden möglich.

Dauer: je nach Anzahl der Runden ca. 20 Minuten (bei 2–3 Runden)

Material: halb so viele VerständigungsWürfel wie Teilnehmer oder ein VerständigungsWürfel für zwei Teilnehmer

Hinweis – Praxiserfahrung: Diese Variante des Einstiegs ist besonders für größere Gruppen geeignet – auch wenn sich die Teilnehmer bereits kennen. Sie braucht ein wenig Zeit, bringt jedoch gleich Schwung in die Teilnehmerrunde. Da das, was die Teilnehmer miteinander besprechen, für den Trainer nicht überprüfbar ist, bietet sich im Anschluss eine Reflexionsrunde an. Bei ungerader Teilnehmerzahl macht der Trainer mit.

Reflexionsfragen im Plenum:
- Welche Erfahrungen haben Sie mit der Übung gemacht?
- Welche Personen im Raum haben Sie durch die Übung näher kennengelernt?
- Über wen haben Sie etwas Neues erfahren?
- Wie gut ist es Ihnen gelungen, die Antworten zu den einzelnen Seiten des VerständigungsWürfels voneinander abzugrenzen?

2.2 Grundprinzipien einer ziel- und konsensorientierten Kommunikation

Begriffsdefinition in verschiedenen Varianten: Kommunikation versus Verständigung

Lernziel: Nachdem die Seminarteilnehmer in der Einstiegsrunde bereits einzelne Aspekte des VerständigungsWürfels kennengelernt haben, geht es im Folgenden darum, sich der Grundprinzipien einer ziel- und konsensorientierten Kommunikation bewusst zu werden. Die Frage ist: Was ist Verständigung im Unterschied zur Kommunikation, und wodurch zeichnet sich Verständigung aus?

Variante 1: Besprechen von Begriffsunterschieden

Durchführung: In der Kurzform dieser Übung besprechen die Seminarteilnehmer mit ihren Nachbarn in Zweier-, gegebenenfalls in Dreier-Gruppen den Unterschied zwischen Kommunikation und Verständigung (*Dauer:* ca. 5–10 Minuten). Die Ergebnisse werden auf Flipchart oder Pinnwand festgehalten und danach im Plenum besprochen (*Dauer:* ca. 15 Minuten).

Variante 2a: Ordnen vorgegebener Begriffsdefinitionen in Gruppen

Durchführung: In der ausführlichen Variante kann diese Übung in Form einer Gruppenarbeit mit – je nach Seminargröße – maximal sechs Personen durchgeführt werden. Die Ergebnisse können auf DIN-A4-Blättern vorgegeben sein, die in den Gruppen zu ordnen und an Pinnwänden zu befestigen sind (vgl. Abbildung 17, S. 90).

Dauer der Gruppenarbeit: ca. 20 Minuten
Dauer der Besprechung im Plenum: ca. 10–15 Minuten

Material:
- eine Pinnwand;
- zwei Moderationswolken – eine beschriftet mit dem Begriff »Kommunikation«, die andere beschriftet mit dem Begriff »Verständigung«;
- vier Moderationskarten mit der Beschreibung dessen, was gefragt ist, das heißt beschriftet mit den Begriffen »Prozessbeschreibung«, »Ziel«, »Richtung« sowie »Konnotation des Begriffs«;

2.2

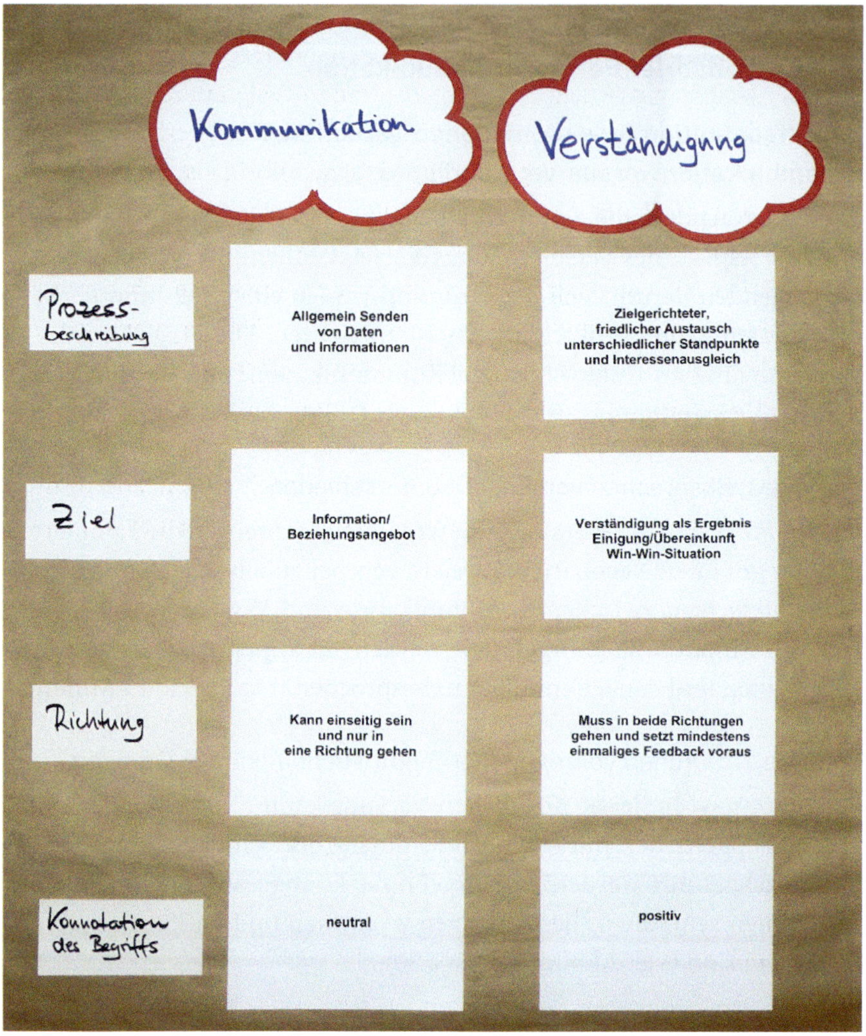

Abbildung 17: Ergebnis einer Gruppenarbeit im Seminar zum Thema »Was ist der Unterschied zwischen Kommunikation und Verständigung?«

- acht DIN-A4-Blätter mit folgender Beschriftung:
  Für den Bereich »Kommunikation«:
  - »Allgemein Senden von Daten und Informationen«,
  - »Information/Beziehungsangebot«,
  - »Kann einseitig sein und nur in eine Richtung gehen«,
  - »neutral«.

  Für den Bereich »Verständigung«:
  - »Zielgerichteter, friedlicher Austausch unterschiedlicher Standpunkte und Interessenausgleich«;
  - »Verständigung als Ergebnis, Einigung/Übereinkunft, Win-win-Situation«;
  - »Muss in beide Richtungen gehen, setzt mindestens einmaliges Feedback voraus«;
  - »positiv«.

Reflexionsfragen im Plenum:
- Was sagen Sie zu den Definitionen?
- Stimmen diese Definitionen mit Ihrem persönlichen Verständnis der Begriffe überein, mit dem Sie in die Übung gestartet sind?

Variante 2b: Freie Begriffsdefinition in Gruppen

Durchführung: In einer weiteren ausführlichen Variante kann diese Übung in Teilgruppen mit maximal sechs Personen so durchgeführt werden, dass die Teilnehmer eigene Definitionen in Stichworten auf Moderationskarten notieren. Diese haben unterschiedliche Farben, die jeweils den beiden Begriffen »Kommunikation« und »Verständigung« zuzuordnen sind. Im Anschluss an die Gruppenarbeit Präsentation der jeweiligen Gruppenergebnisse an der Pinnwand.

Dauer der Gruppenarbeit: ca. 20–25 Minuten
Dauer der Präsentation und Besprechung im Plenum: 15–20 Minuten

Reflexionsfragen im Plenum:
- Was sagen Sie zu den Ergebnissen der anderen Gruppe?
- Wo gibt es Überschneidungen, wo sind die Unterschiede?
- Stimmen die Ergebnisse aus der Gruppenarbeit mit Ihrem persönlichen

Verständnis der Begriffe überein, mit dem Sie in die Übung gestartet sind?

Material:
- eine Pinnwand;
- zwei Moderationswolken – eine beschriftet mit dem Begriff »Kommunikation«, die andere beschriftet mit dem Begriff »Verständigung«;
- Moderationskarten in zwei unterschiedlichen Farben.

Variante 2c: Erweiterte Begriffsdefinition in Gruppen

Durchführung: In einer weiteren ausführlichen Variante kann diese Übung in einer Gruppe mit maximal sechs Personen so durchgeführt werden, dass zusätzlich zu den Begriffen »Kommunikation« und »Verständigung« die Begriffe »Konsens«, »Kompromiss« und »Verhandlung« von den Teilnehmern zu definieren sind. Anschließend Präsentation der Ergebnisse der Gruppenarbeit und Befestigen der Moderationskarten an der Pinnwand.

Dauer der Gruppenarbeit: ca. 30–40 Minuten
Dauer der Präsentation und Besprechung im Plenum: ca. 20 Minuten

Material: wie in 2b – eine Moderationswolke für jeden Begriff und entsprechend Moderationskarten in drei zusätzlichen Farben

Reflexionsfragen im Plenum:
- Welche Definitionen gelingen Ihnen mit Leichtigkeit? Welche Definitionen sind eher eine Herausforderung?
- Was sagen Sie zu den Ergebnissen der anderen Gruppe(n)? Wo gibt es Überschneidungen? Wo sehen Sie Unterschiede?
- Stimmen die Ergebnisse aus der Gruppenarbeit mit Ihrem persönlichen Verständnis der Begriffe überein, mit dem Sie in die Übung gestartet sind?

Hinweis – Praxiserfahrung zu den Varianten 2a–c: Am Ende der Gruppenarbeit und der anschließenden Besprechung im Plenum sollte für die Teilnehmer eine saubere Begriffsdefinition erkennbar sein (vgl. auch Glossar).

Kommunikation ist der allgemeine Oberbegriff und kann gewissermaßen als »Beziehungsangebot« verstanden werden. Ein Verständigungsprozess hingegen wird erst dann ausgelöst, wenn ein anderer auf mein Beziehungsangebot eingeht – wenn beispielsweise meine Nachricht, die ich jemandem auf dem Anrufbeantworter hinterließ, mit einem Rückruf beantwortet wird.

Der Begriff »Verständigung« umfasst zwei unterschiedliche Aspekte bzw. Phasen des gesamten Verständigungsprozesses: den Prozess des Positionsabgleichs einerseits und das Ergebnis im Sinne einer Einigung oder Übereinkunft andererseits.

Erforschen des VerständigungsWürfels im Tandem

Lernziel:

- im wahrsten Sinne des Wortes »Begreifen« des VerständigungsWürfels;
- Ableiten von möglichen Funktionen des VerständigungsWürfels aus seiner Form, aus den aufgedruckten Fragen und Farben sowie aus den Antworten auf diese Fragen.

Durchführung: Nach der vorangegangenen Definitionsarbeit zum Unterschied zwischen »Kommunikation« und »Verständigung« wird der VerständigungsWürfel von jeweils zwei Teilnehmern untersucht (je nach Teilnehmerzahl auch zu dritt). Dabei tauschen sie sich über ihre Beobachtungen aus und ziehen daraus Schlussfolgerungen im Hinblick auf die Anwendungsmöglichkeiten des VerständigungsWürfels. Anschließend Besprechung im Plenum.

Dauer der Tandemarbeit: ca. 10–15 Minuten
Dauer der Besprechung im Plenum: ca. 20–25 Minuten

Fragen, die den Teilnehmern im Plenum gestellt werden:
Untersuchen Sie den VerständigungsWürfel zu zweit mit Ihrem Nachbarn.

1. Was fällt auf?
2. Was leiten Sie aus den Fragen ab, die auf dem VerständigungsWürfel innen und außen abgedruckt sind?
3. Was leiten Sie aus der Übereinstimmung der Farben auf den Innen- und Außenseiten des VerständigungsWürfels ab?

4. Welche Schlussfolgerung ziehen Sie aus den Aussagen auf der Innenseite des Deckels?
5. Wie deuten Sie die Tatsache, dass auf der Außenseite des Deckels keine Frage, sondern eine Aussage aufgedruckt ist?
6. Erklären Sie, wie der VerständigungsWürfel funktionieren und Ihnen zur Verständigung verhelfen könnte.

Material:
- pro Tandem mindestens ein VerständigungsWürfel,
- die Fragen 1 bis 6 sichtbar auf Powerpoint-Folie oder Flipchart,
- ggf. Laptop/Beamer.

Hinweis – Praxiserfahrung: Häufig wird im Plenum erkennbar, dass einzelne Teilnehmer das Prinzip des VerständigungsWürfels sehr rasch erfassen. Greifen Sie als Seminarleiter die Beobachtungen der Teilnehmer auf und erläutern Sie diese wie in der Schritt-für-Schritt-Anleitung in Teil A.

Die gemeinsame Forschungs- und Untersuchungsaufgabe kann im Anschluss an die Besprechungsrunde und an die Erläuterungen im Plenum durch eine Übung zu den Basisaspekten auf den vier Seiten des VerständigungsWürfels ergänzt werden. Unmittelbar nach dieser Grundlagenarbeit folgen Übungen zu den einzelnen Gesprächstechniken. So wird das frisch erworbene Wissen um die Funktionsweise des VerständigungsWürfels praktisch angewandt und vertieft. Die Teilnehmer üben eine Art der Gesprächshaltung und -führung ein, die den Prozess der Verständigung und das Erzielen eines gemeinsamen Ergebnisses mit dem Gesprächspartner begünstigt.

Vier Basisaspekte einer Aussage

Lernziel:
- Die Teilnehmer sind in der Lage, vier Basisaspekte einer Aussage zu definieren.
- Die Teilnehmer können aus einer (nicht eindeutigen) Aussage eine Beziehungs-, eine Selbst-, eine Sachaussage sowie einen Appell ableiten und diesen jeweils eindeutig formulieren.

Durchführung: Die Übung wird in Kleingruppen mit drei bis vier Teilnehmern durchgeführt. Der Seminarleiter teilt pro Gruppe jeweils eine weiße Moderationskarte aus (er kann sie auch verlosen), auf der jeweils ein Satz steht, beispielsweise: »Unser Team hat auch schon besser funktioniert.«, »Guter Service ist etwas anderes.«

Aufgabenstellung für die Teilnehmer:
1. Bestimmen Sie die unterschiedlichen Bedeutungsmöglichkeiten der Sätze.
2. Leiten Sie vom Ausgangssatz vier mögliche Bedeutungsoptionen ab. Das heißt, Sie notieren jeweils einen Satz, der eine eindeutige Aussage auf der Beziehungsseite des VerständigungsWürfels darstellt (gelb), einen eindeutigen Satz für die Selbstaussage (grün); eine eindeutige Sachaussage (blau) sowie einen eindeutigen Appell (rot).
3. Schreiben Sie Ihre »Übersetzung« der möglichen Bedeutungen auf Moderationskarten, deren Farbe zur Aussage passt.
4. Haben Sie alle vier Bedeutungen bestimmt und auf den Karten notiert, dann kleben Sie die Karten untereinander so auf den Flipchart-Bogen, dass sie als möglich gemeinte Aussagen des Senders erkennbar werden.

Im Anschluss an die Gruppenarbeit besprechen die Teilnehmer unter Leitung des Trainers die Ergebnisse im Plenum.

Reflexionsfragen im Plenum:
- Was war für Sie bei der Satzanalyse und der anschließenden »Übersetzung« eine besondere Herausforderung?
- Mit welcher Formulierung stimmen Sie am meisten überein? Oder: Wie hätten Sie sich als Teamleiter ohne VerständigungsWürfel am ehesten ausgedrückt?
- Wie hätten Sie als Teammitglied ohne VerständigungsWürfel die Aussage des Teamleiters am ehesten gedeutet?
- Wie verändert die Anwendung des VerständigungsWürfels Ihre Wahrnehmung zu diesem Satz?

Dauer der Gruppenarbeit: ca. 20 Minuten
Dauer der Besprechung im Plenum: ca. 20 Minuten

Material:
- ein Flipchart-Bogen pro Gruppe;
- ein Beispielsatz pro Gruppe auf einer weißen Moderationskarte;
- pro Gruppe vier Moderationskarten in den Farben Gelb, Blau, Rot, Grün, um die möglichen Bedeutungen des Ausgangssatzes darauf zu notieren;
- ein schwarzer Marker;
- ggf. Laptop/Beamer.

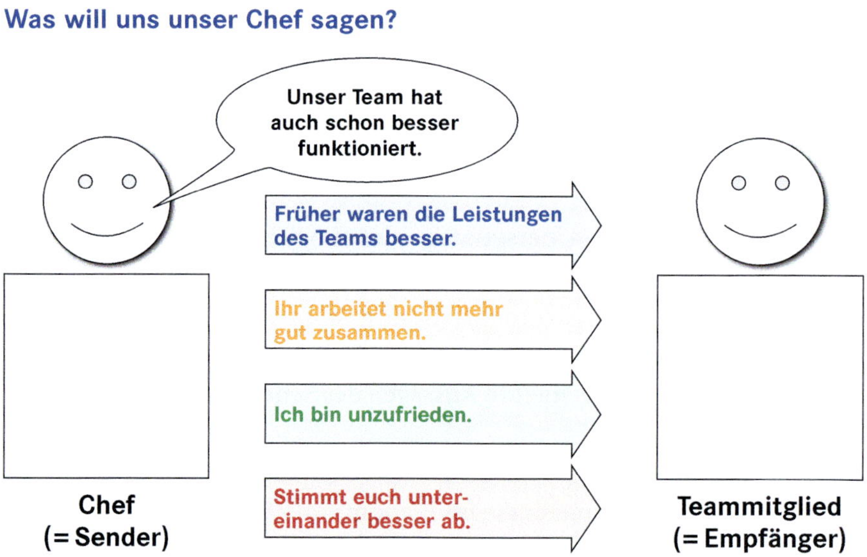

Abbildung 18: Darstellung und mögliche Auflösung der Gruppenübung zu den vier Basisaspekten einer Aussage

Hinweis – Praxiserfahrung: Bevor die Teilnehmer die Aufgabe in der Gruppe lösen, empfiehlt es sich, die Übung an einem Beispielsatz zu erklären. Ich arbeite dabei bevorzugt mit dem Paradesatz von Schulz von Thun »Du, da vorne ist grün!«. Denn dieser spielt auf eine Situation an, die sich mit der Erfahrung sehr vieler Teilnehmer deckt und daher deren Lust weckt, sich mit dem Satz und dem übergeordneten Thema näher zu befassen (vgl. Schulz von Thun, 2008a, S. 31 ff.).

Es hat sich in meinen Seminaren bewährt, den Satz »Du, da vorne ist grün!« zunächst anhand des VerständigungsWürfels durchzugehen. Ich habe den VerständigungsWürfel in der Hand und erkläre: »Stellen Sie sich vor, mein Mann und ich sitzen im Auto, ich am Steuer, und er sagt: ›Du, da vorne ist grün!‹ Was glauben Sie, was passiert?« Meist kommt dann als Antwort von den Teilnehmern: »Es gibt wahrscheinlich Streit.« Diese Antwort ist dann der Anlass für folgende *Reflexionsfragen im Plenum:*

- Was gibt Ihnen Grund zu der Annahme, dass es Streit gibt?
- Was will der andere mir eigentlich sagen?
- Was ist die ganz nüchterne, sachliche Aussage, die hinter dem Satz steckt?
- Was will er mir über sich sagen?
- Welcher Appell verbirgt sich in dieser Aussage?

Die Fragen unterstreiche ich durch einen Fingerzeig auf die jeweilige Seite des VerständigungsWürfels. Die Antworten werden nacheinander auf einer Powerpoint-Folie eingeblendet und dem Würfelmännchen sozusagen in den Mund gelegt. Sie können auch auf Moderationskarten notiert und auf einem Flipchart befestigt werden.

Anhand der Dreidimensionalität des VerständigungsWürfels lässt sich im Zusammenhang mit dieser Übung gut erklären, dass das Gesagte mit dem Gemeinten und mit dem, was der Empfänger in das Gesagte hineindeutet, nicht übereinstimmen muss.

Der VerständigungsWürfel macht die vier Aspekte der Kommunikation als Basis jeder Verständigung anschaulich begreifbar. Die ergänzende Darstellung mit den Würfelmännchen auf dem Flipchart verstärkt diesen Effekt und trägt dazu bei, dass sich die konkreten Beispiele noch besser einprägen.

Darüber hinaus macht der dreidimensionale VerständigungsWürfel in Kombination mit der zweidimensionalen Darstellung für die Teilnehmer leicht nachvollziehbar, dass die Aussagen der Sender zwar authentisch sein mögen. Da sie jedoch weder eindeutig noch wertschätzend sind, leisten sie eher Missverständnissen und Konflikten Vorschub, als dass sie der Verständigung dienen.

Bei dem Satz »Unser Team hat auch schon besser funktioniert« stellt das Wörtchen »unser« die Teilnehmer bei ihrer Analyse und Übersetzung immer wieder vor die Frage, wie sehr sich der Chef mit dem Team identifiziert oder sich mit seiner Kritik vom Team distanziert. Diese Frage ist nur kontextabhängig zu beantworten. Möglich sind auf der Beziehungs- und Appellseite des VerständigungsWürfels die folgenden Bedeutungen:

Wir arbeiten/ihr arbeitet nicht mehr gut zusammen.
Wir sollten uns/ihr solltet euch untereinander besser abstimmen.

Lösungsvorschläge für den Satz »Guter Service ist was anderes«:
Die Servicequalität ist unzureichend.
Sie bieten nicht die Dienstleistung, die ich als Kunde von Ihnen erwarte.
Ich habe höhere Ansprüche an einen guten Kundendienst.
Sie sollten sich mehr anstrengen, um Ihre Kunden zufriedenzustellen.

2.3 Übungen zu Gesprächsführung und Gesprächstechniken

Immer recht verbindlich – Übung zum positiven Sprechen

Lernziel:
- Die Teilnehmer konstruieren aus Sätzen mit verständigungsstörenden Elementen positive, ressourcenorientierte Sätze.
- Indem die Teilnehmer positive Sprechweisen anwenden, erkennen sie deren günstige Auswirkungen auf einen weiteren Gesprächsverlauf.

Durchführung: Arbeit in Kleingruppen mit drei bis vier Teilnehmern. Der Seminarleiter teilt Blätter mit Sätzen in den Gruppen aus, die Wörter mit negativen Assoziationen enthalten, Negationen oder Vorwürfe. Diese gilt es so umzuformulieren und zu bearbeiten, dass sich ein potenzieller Gesprächspartner stets respektvoll behandelt und motiviert fühlt (vgl. dazu auch die Beispiele von Weisbach u. Sonne-Neubacher, 2008, S. 291 ff., 307 f.).

Aufgabenstellung für die Teilnehmer: Formulieren Sie die Sätze so um, dass Ihr Gegenüber sich jederzeit wertschätzend behandelt und motiviert fühlt. Ersetzen Sie möglichst alle Negationen, negativ assoziierte Wörter sowie Formulierungen, die als Vorwurf oder als verletzend aufgefasst werden könnten. Ergänzen Sie gegebenenfalls die Sätze, so dass sie Verbindlichkeit, Freundlichkeit, Hilfsbereitschaft ausdrücken.

Beispiele:

1. Chef zum Mitarbeiter: Ich bin mit Ihrer Leistung überhaupt nicht zufrieden.

2. Chef zum Mitarbeiter: Solange Sie den Brief nicht abgetippt haben, können Sie nicht in den Feierabend gehen.
3. Mitarbeiterin am Telefon: Frau Schmitz ist nicht zu sprechen.
4. Mitarbeiter zum Kunden: Ich weiß nicht, wann die Ware geliefert werden kann.
5. Käufer reklamiert: Das ist eine ganz schlechte Qualität. Ich habe diese Schuhe gerade einmal getragen, da hat sich die Sohle an der Spitze des rechten Schuhs bereits gelöst. Das geht gar nicht!
6. Ein Kollege entgegnet auf einen Einwand von Ihnen: Ich weiß, aber ich finde trotzdem, dass es besser ist, wenn wir das Projekt so fortsetzen, wie wir es angefangen haben.
7. Chef zum Mitarbeiter: Da hätten Sie mich doch vorher fragen müssen!
8. Mitarbeiterin zu ihrer Kollegin: Nie füllst du das Papier im Drucker nach!
9. Projektleiter zu seinen Teammitgliedern: Als Projektleiter interessiert mich natürlich, ob Ihr das alles geschafft habt.

Dauer der Gruppenübung: ca. 25 Minuten
Dauer der Besprechung im Plenum: ca. 20 Minuten

Reflexionsfragen im Plenum:
- Gibt es Sätze, die eine besondere Herausforderung für Sie bedeuten?
- Was vermuten Sie, wie die Gesprächspartner auf die Originalsätze und wie sie auf die Lösungssätze reagieren?
- Bewerten Sie auf einer Skala von 1 bis 10 die Fähigkeit der Gruppe, sich auf eine positive Neuformulierung zu einigen (1 = geringe Fähigkeit; 10 = hohe Fähigkeit).
- Bei einem Wert unter 5: Welche Herausforderungen gab es bei einer Verständigung? Wie könnte künftig eine Verständigung besser gelingen?

Material: Arbeitsblätter mit Beispielsätzen, die es zu bearbeiten gilt. Es empfiehlt sich, die Arbeitsblätter so zu gestalten, dass die positiv formulierte Alternative unter dem Beispielsatz eingetragen werden kann.

Hinweis – Praxiserfahrung: Die Teilnehmer sind in der Regel begeistert davon zu erkennen, welch große Wirkung teilweise die Veränderung nur eines einzigen Wortes in manchen Beispielsätzen haben kann.

Diese Übung stellt sich je nach Kenntnisstand der Teilnehmer häufig als recht zeitintensiv heraus. Daher kann es ratsam sein, nicht alle Sätze von einer Gruppe, sondern die neun Beispielsätze in zwei oder drei Gruppen bearbeiten zu lassen. Die Bearbeitungsdauer reduziert sich dann auf circa 10 bis 15 Minuten für die Gruppenarbeit und auf circa zwanzig Minuten für die Besprechung im Plenum.

Als vorbereitende Übung zum positiven Sprechen eignet sich die Übung zum »positiven Denken« mit dem Titel »Umdeuten« (aus Kalnins u. Röschmann, 2008, S. 49).

Lösungsvorschläge für die genannten Beispielsätze:

1. Chef zum Mitarbeiter: Ich weiß, dass Ihre Leistung noch besser sein könnte.
2. Chef zum Mitarbeiter: Bitte tippen Sie noch den Brief ab, dann können Sie in den wohlverdienten Feierabend gehen.
3. Mitarbeiterin am Telefon: Frau Schmitz ist in einer Besprechung. Wie kann ich Ihnen weiterhelfen?
4. Mitarbeiter zum Kunden: Ich werde mich umgehend erkundigen, wann die Ware geliefert werden kann, und rufe Sie dann zurück.
5. Käufer reklamiert: Ich möchte diese Schuhe umtauschen. Die Sohle an der Spitze des rechten Schuhs hat sich bereits nach einmaligem Tragen gelöst.
6. Ein Kollege entgegnet auf einen Einwand von Ihnen: Ich würde das Projekt am liebsten so fortsetzen, wie wir es angefangen haben. Dein Einwand ist freilich berechtigt. Lass uns doch gemeinsam darüber nachdenken, welche Alternativen es gibt.
7. Chef zu Mitarbeiter: Bitte besprechen Sie das in Zukunft vorher mit mir.
8. Mitarbeiterin zu ihrer Kollegin: Bitte fülle nach, wenn das Papierfach leer ist.
9. Projektleiter zu seinen Teammitgliedern: Als Projektleiter interessiert mich natürlich, wie ihr das alles geschafft habt.

Was liegt an? – Übung zur Darlegung eines Anliegens

Lernziel:

- Die Teilnehmer wenden den VerständigungsWürfel an, um Themen anzusprechen, die ihnen wichtig und zugleich ein wenig unangenehm sind.
- Die Teilnehmer lösen die gestellte Aufgabe, indem sie die Fragen auf den farbigen Außenseiten des VerständigungsWürfels in der empfohle-

nen Reihenfolge beantworten und ihr Anliegen formulieren (vgl. Abbildung 8, S. 39).
- Es geht darum, einen der Situation angemessenen Gesprächseinstieg zu finden.

Durchführung: Arbeit in Kleingruppen mit drei bis vier Teilnehmern. Jede Gruppe bekommt ein Anliegen zur Bearbeitung. Gemeinsam finden die Teilnehmer heraus, wie das jeweilige Anliegen so vorgetragen werden kann, dass es zugleich authentisch und der Situation angemessen ist. Im Anschluss an die Gruppenarbeit findet eine Besprechung der Gruppenergebnisse im Plenum statt.

Aufgabenstellung für die Teilnehmer:
1. Erörtern Sie, welche innere Haltung bei der Darlegung Ihres Anliegens für eine Verständigung besonders förderlich ist. Welche Grundsätze auf der Innenseite des Deckels des VerständigungsWürfels wollen Sie besonders berücksichtigen?
2. Nutzen Sie bei der Formulierung Ihres Anliegens die Fragen auf den farbigen Außenseiten des VerständigungsWürfels und beantworten Sie diese in der empfohlenen Reihenfolge (vgl. Abbildung 8, S. 39).
3. Wenden Sie dabei die Grundsätze positiven Sprechens an.
4. Welche der vier farbigen Innenseiten gilt es nach außen transparent zu machen und zu vermitteln, wenn Ihr Ziel eine Win-win-Situation ist? Nutzen Sie die entsprechende Antwort für die Formulierung Ihres Anliegens.
5. Wie können Sie am besten in einen Dialog überleiten?
6. Verwenden Sie einen Flipchart-Bogen und farbige Marker, um das ausformulierte Anliegen als Arbeitsergebnis der Gruppe festzuhalten.

Anliegen 1:

Sie haben in den letzten Wochen sehr viele Überstunden gemacht. Für Sie und Ihre Familie ist das inzwischen zum Problem geworden. Darüber wollen Sie mit Ihrem Chef sprechen und eine Veränderung Ihrer Situation erwirken. Sie haben auch schon eine Idee, wie sich das umsetzen ließe …

Anliegen 2:
Sie sind alleinerziehende Mutter/alleinerziehender Vater. Ihr Kind ist krank und Sie wollen mit Ihrem Chef eine vorübergehende Ausnahmeregelung für die Betreuung Ihres Kindes treffen.

Anliegen 3:
In Ihrem Unternehmen ist es Vorschrift, dass auch zwischen Weihnachten und dem Jahreswechsel in jeder Abteilung mindestens ein Kollege seinen Dienst verrichtet. Sie waren zwar schon im Vorjahr in dieser Zeit vom Dienst befreit. Da Sie nicht alle Urlaubstage, die Ihnen noch zustehen, ins neue Jahr hinüberretten können, wollen Sie dennoch wieder zwischen den Feiertagen Urlaub nehmen und das Thema bei Ihrem Kollegen ansprechen.

Reflexionsfragen im Plenum:
- Wie hat sich durch die Anwendung des VerständigungsWürfels Ihre Vorgehensweise verändert?
- Bewerten Sie auf einer Skala von 1 bis 10 die Fähigkeit der Gruppe, sich auf eine Formulierung für den Gesprächseinstieg zu einigen (1 = geringe Fähigkeit; 10 = hohe Fähigkeit).
- Bei einem Wert unter 5: Welche Herausforderungen gab es bei einer Verständigung? Wie könnte künftig eine Verständigung besser gelingen?
- Zur Bearbeitung welcher weiteren persönlichen Anliegen würden Sie gerne eine kollegiale Unterstützung in Anspruch nehmen?

Dauer der Gruppenarbeit: ca. 30 Minuten
Dauer der Besprechung im Plenum: ca. 30 Minuten

Material:
- Aufgabenblätter mit jeweils einem Anliegen und der Aufgabenstellung;
- pro Gruppe mindestens ein VerständigungsWürfel – im Idealfall ein VerständigungsWürfel pro Teilnehmer;
- ein Flipchart-Bogen pro Gruppe;
- pro Gruppe jeweils ein blauer, grüner, gelber und roter Marker.

Hinweis – Praxiserfahrung: Statt drei Anliegen bearbeiten zu lassen, ist es auch möglich, ein Anliegen, ein Beispiel für ein wertschätzendes Feedback und eine konstruktive Kritik ausarbeiten zu lassen (vgl. dazu die Beispiele in den nachfolgenden Kapiteln). Denn in allen drei Fällen wird der VerständigungsWürfel gemäß Abbildung 8 angewendet (vgl. S. 39).

Lösungsvorschläge zur Anliegenbearbeitung:

Anliegen 1:

Vielen Dank, dass Sie sich die Zeit genommen haben, um mit mir über meine hohe Arbeitsbelastung zu sprechen, die ja auch meine Kollegen und Sie selbst trifft. Ich komme jetzt allmählich wirklich an meine Grenzen. Der Familiensegen hängt schon schief, weil mich meine Familie kaum mehr sieht. Allein in den vergangenen vier Wochen sind bei mir 50 Überstunden angefallen – vor allem durch das Projekt X und die Urlaubsvertretung für Herrn Klein. Deshalb habe ich mir Gedanken darüber gemacht, wie wir unsere Arbeitsabläufe optimieren und damit die Überstunden für alle reduzieren könnten. Das würde ich mit Ihnen gerne mal erörtern!

Anliegen 2:

Danke, dass Sie so spontan Zeit haben für mich. Sie hatten ja bisher immer wieder Verständnis für meine Situation als alleinerziehende Mutter. Und darauf hoffe ich auch jetzt. Sarah hat Scharlach und meine Mutter fällt als Betreuungsperson aus, weil sie derzeit mit einem Beckenbruch im Krankenhaus liegt. Daher würde ich gerne in der kommenden Woche so weit wie möglich von zu Hause aus arbeiten. Der Termin mit Kunde XY ist ja schon lange vereinbart – den nehme ich selbstverständlich zusammen mit Frau Meier wahr und ich werde auch zur Betriebsversammlung am Donnerstagnachmittag kommen. Können Sie sich das vorstellen? Wäre das für Sie in Ordnung?

Anliegen 3:

Hallo Rolf, ich freue mich, dass wir heute endlich mal wieder miteinander Mittag essen gehen -- zumal ich noch etwas in Sachen Urlaub mit dir besprechen wollte. Ich gebe zu, ich habe meine Urlaubsplanung dieses Mal nicht so optimal hingekriegt. Es geht um den Weihnachtsdienst. Ich war davon zwar schon letztes Jahr befreit, aber ich kann keine weiteren Urlaubstage mehr ins neue Jahr hinübernehmen. Deshalb wollte ich dich fragen, ob wir uns darauf einigen können, dass du auch dieses Jahr den Dienst machst und ich dafür auf meine Fasnachtsferien verzichte – ich weiß ja, dass du ein rechter Narr bist.

In allen Situationen gut ankommen – Übung zu wertschätzendem Feedback und konstruktiver Kritik

Lernziel:
- Wertschätzendes Feedback geben
- konstruktive Kritik üben

Durchführung: Bildung von Kleingruppen mit drei bis vier Teilnehmern. Die Übung kann in zwei Varianten durchgeführt werden. Vor der Durchführung bietet es sich an, die Teilnehmer mit folgenden Fragen an das Thema hinzuführen.

- Bewerten Sie auf einer Skala von 1 bis 10 Ihre Fähigkeit, Themen mit Konfliktpotenzial anzusprechen (1 = geringe Fähigkeit; 10 = hohe Fähigkeit).
- Was befürchten Sie am meisten, wenn Sie dem anderen sagen wollen, was Sie an ihm stört?
- Wenn Ihre schlimmste Befürchtung eintreten würde, was könnten Sie dann tun?
- Wann haben Sie zuletzt etwas angesprochen, was Ihnen ein Dorn im Auge war bzw. was Sie geärgert oder gestört hat?
- Welche Grundsätze auf der Innenseite des Deckels des Verständigungs-Würfels könnten Ihnen in solchen Fällen nützlich sein?
- Was ist das Gute an dem, was Sie am anderen stört? Welche Tugend verbirgt sich hinter diesen Eigenschaften, zum Beispiel Ellbogenmentalität, Schludrigkeit, Fanatismus? (Antwort: Durchsetzungsvermögen, Lockerheit, Engagement) Und was ist die »Schwestertugend« der in Klammern genannten Eigenschaften, die eine gewünschte Entwicklungsrichtung aufzeigen? (Die Antwort könnte je nach Kontext lauten: Rücksicht, Genauigkeit, Gelassenheit – vgl. dazu auch Schulz von Thun, 2008b, S. 38 ff.).

Variante 1

Die Teilnehmer arbeiten mit Beispielen aus ihrem eigenen Berufsalltag, in dem sie eine andere Person kritisieren oder ihr ein längst fälliges wohlmeinendes Feedback geben wollen. Dazu nutzen die Teilnehmer den VerständigungsWürfel als Vorlage gemäß Abbildung 8 (S. 39).

Es sollten sich (bei insgesamt zwölf Seminarteilnehmern) mindestens drei Fallgeber finden, mit denen sich die anderen Teilnehmer zur gemeinsamen Fallbearbeitung in Arbeitsgruppen zusammenschließen. Falls es an Fallbeispielen mangelt, kann Variante 1 durch Variante 2 ergänzt oder ganz ersetzt werden.

Variante 2

Arbeit mit vorbereiteten Beispielen, die möglichst gut zur Zielgruppe passen oder adaptierbar sind bzw. branchenunabhängig funktionieren (Anregungen zur Formulierung von Musterbeispielen sind auch zu finden bei Neumann, Heß u. Trainernetzwerk study & train, 2007, S. 114 ff.). Pro Gruppe ein Beispiel – Gruppenbildung nach Interessenlage möglich.

Beispiel 1: Unangemessene Kleidung
Eine Mitarbeiterin Ihres Teams trägt seit einigen Wochen auffallend aufreizende Kleidung – durchaus sexy, aber aus Ihrer Sicht zu gewagt. Der Rock wird immer kürzer, und wenn sie sich bückt, gewährt sie tiefe Einblicke ins Dekolleté. Die Kunden reagieren teils irritiert, teils amüsiert. Zeit für eine Rückmeldung.

Beispiel 2: Gelungene Zusammenarbeit
Das Projekt, das Sie mit Ihrem Kollegen zuletzt durchgeführt haben, ist prima gelaufen und hat beim Chef große Anerkennung gefunden. Teilen Sie Ihrem Kollegen bei passender Gelegenheit mit, was Sie an der Zusammenarbeit besonders geschätzt haben und was Sie sich im Hinblick auf weitere Projekte wünschen.

Beispiel 3: Fehlerhafte Unterlagen
Einer Ihrer Mitarbeiter legt Ihnen viel früher als von Ihnen erwartet Unterlagen vor, die Sie im Hinblick auf eine Besprechung mit einem Kunden weiter bearbeiten wollen. Die Unterlagen sind fachlich zwar einwandfrei, aber voller Form- und Rechtschreibfehler. Sie ärgern sich über die Schludrigkeit des Mitarbeiters. Sprechen Sie ihn darauf an.

Aufgabenstellung für die Teilnehmer:

1. Formulieren Sie auf der Grundlage der vorgegebenen Beispiele und mit Hilfe des VerständigungsWürfels (vgl. Abbildung 8, S. 39) ein wertschätzendes Feedback (Beispiel 2) bzw. eine konstruktive Kritik (Beispiele 1 und 3).
2. Versuchen Sie, die im Beispiel eingenommene Perspektive auf den Sachverhalt zu verändern und umzudeuten: Stellen Sie bei der Formulierung

der konstruktiven Kritik das Positive im scheinbar Negativen heraus, bevor Sie die gewünschte Entwicklungsrichtung in Ihrem Appell darstellen.

3. Achten Sie auf eine positive, zuvorkommende und verbindliche Ausdrucksweise.
4. Notieren Sie Ihre Lösungsvorschläge mit farbigen Markern auf einem Flipchart-Bogen.

Dauer der Gruppenarbeit: ca. 20–25 Minuten
Dauer der Besprechung im Plenum: ca. 25–30 Minuten

Material:

- pro Gruppe mindestens ein VerständigungsWürfel – im Idealfall ein VerständigungsWürfel pro Teilnehmer;
- ein Flipchart-Bogen pro Gruppe;
- pro Gruppe jeweils ein blauer, grüner, gelber und roter Marker;
- vorbereitete Beispiele auf Aufgabenblättern – pro Gruppe mindestens ein Aufgabenblatt, im Idealfall ein Aufgabenblatt pro Teilnehmer.

Hinweis – Praxiserfahrung: Bei den Übungen zur konstruktiven Kritik erweist sich der VerständigungsWürfel als besonders nützlich. Die Vorlage in Abbildung 8 wird von den Teilnehmer sehr geschätzt, da es erfahrungsgemäß eine der größten Herausforderungen darstellt, auf konstruktive Art und Weise Kritik zu üben, ohne den anderen zu verletzen.

Es empfiehlt sich, die Teilnehmer auf die Aufgabe mit einem der Musterbeispiele aus Teil 1 vorzubereiten, das am Flipchart oder in Form einer Powerpoint-Folie präsentiert wird. Die genannten Beispiele zur konstruktiven Kritik können mit einer Einführung ins Werte- und Entwicklungsquadrat vorbereitet werden (vgl. Schulz von Thun, 2008b, S. 38 ff.).

Bei der konstruktiven Kritik kommt es vor allem darauf an, dass der Kritikgeber dem Kritisierten gleich zu Beginn signalisiert, dass er ihn als Person schätzt oder dass er der Eigenschaft, um die es geht, auch etwas Gutes abgewinnen kann. Damit wird also die Beziehungsseite betont. Diese Eigenschaft hat jedoch – das ist die Selbstmitteilung – auf den Kritikgeber eine unangenehme Wirkung, was mit der Formulierung eines sachlichen Situationsbeispiels belegt werden kann. Die konstruktive Kritik schließt mit dem Appell bzw. Hinweis darauf, welche Entwicklung anzustreben wäre.

Lösungsvorschläge für die Beispiele zu dieser Übung:

Beispiel 1: Unangemessene Kleidung

Dein Kleidungsstil zeugt von Selbstbewusstsein, und ich mag es sehr, wenn meine Mitarbeiterinnen selbstbewusst sind. Ich persönlich finde diesen Stil allerdings nicht ganz passend für unser berufliches Umfeld. Ich beobachte auch, dass einige Kunden etwas irritiert sind, und wir haben ja eine ziemlich unmissverständliche Kleiderordnung. Ich möchte dich daher bitten, dich künftig etwas zurückhaltender anzuziehen, um Irritationen zu vermeiden.

Beispiel 2: Gelungene Zusammenarbeit

Danke für die prima Zusammenarbeit in diesem Projekt. Das haben wir richtig gut hingekriegt! Es hat mir großen Spaß gemacht. Ich fühlte mich in meinen Ideen sehr unterstützt. Und unseren Chef beeindruckte ja unser neuartiges Verfahren so sehr, dass er das Ergebnis gleich per Rundmail allen anderen Labors mitgeteilt hat. Ich wünsche mir, dass wir uns an diesen gemeinsamen Erfolg erinnern, vor allem dann, wenn es mal nicht so rund laufen sollte.

Beispiel 3: Fehlerhafte Unterlagen

Vielen Dank, dass Sie diesen Auftrag so schnell erledigt haben. Mir sind in Ihren Unterlagen jedoch eine ganze Reihe von Form- und Rechtschreibfehlern aufgefallen. Das finde ich bedauerlich. Denn fachlich sind sie einwandfrei. Da wir diese Unterlagen unseren Kunden vorzeigen werden, bitte ich Sie, sie nochmals zu überarbeiten.

Wie sag ich's meiner Belegschaft? – Übung zur Vermittlung unangenehmer Wahrheiten

Lernziel:

- Die Teilnehmer wenden den VerständigungsWürfel an, um auf der Grundlage einer bestimmten Wahrheit der Situation ein persönliches Anliegen zu formulieren.
- Das Anliegen wird in Form einer kurzen Ansprache dargelegt.
- Die Teilnehmer lösen die gestellte Aufgabe, indem sie die farbigen

Außenseiten des VerständigungsWürfels nutzen, um die Ansprache zu verfassen (vgl. Abbildung 8, S. 39).

Durchführung: Bildung von Kleingruppen mit drei bis vier Teilnehmern, die anhand des Aufgabenblatts die Ansprache gemeinsam ausarbeiten. Es steht den Teilnehmern frei, ob sie die Rede – die im Anschluss an die Gruppenarbeit von einem der Teilnehmer vorgetragen wird – ausformulieren oder in Stichworten notieren. Die folgende »Wahrheit der Situation« soll Grundlage für die Ansprache sein:

Die Nachfrage nach Schlitten ist in diesem kalten Winter um 40 % angestiegen, was die Schlittenhersteller natürlich freut, sie aber auch in einen Produktionsengpass führt.

Ein Produzent entschied, sich dieses Geschäft nicht entgehen zu lassen, und weist die Arbeiter nun an, dafür in den kommenden Wochen Überstunden zu leisten. Der Produktionsleiter wurde von der Geschäftsleitung beauftragt, die Mitarbeiter in der Produktion darüber zu informieren, dass es bis auf weiteres Überstunden und Wochenendschichten geben wird.

Aufgabenstellung für die Teilnehmer:

1. Sie sind als Produktionsleiter eines Unternehmens mit einer bestimmten Wahrheit der Situation konfrontiert, die Sie Ihrer Belegschaft gegenüber vermitteln sollen.
2. Erläutern Sie zunächst zusammen mit Ihren Kollegen diese Wahrheit der Situation mit Hilfe von Abbildung 7 (S. 37) und bestimmen Sie dann das Verständigungsziel.
3. Formulieren Sie auf der Grundlage dieser Wahrheit der Situation Ihr Anliegen, das Sie Ihrer Belegschaft in Form einer kurzen Ansprache darlegen.
4. Tauschen Sie sich darüber aus, welche innere Haltung bei der Formulierung Ihres Anliegens einer Verständigung besonders förderlich ist. Welche der Grundsätze auf der Innenseite des Deckels des VerständigungsWürfels wollen Sie bei Ihrer Formulierung besonders berücksichtigen?
5. Nutzen Sie bei der Ausarbeitung der Ansprache die farbigen Außenseiten des VerständigungsWürfels, indem Sie diese in der empfohlenen Reihenfolge beantworten (vgl. Abbildung 8, S. 39).

6. Zu welcher der vier farbigen Innenseiten gilt es eine Aussage nach außen zu vermitteln, wenn Sie die Belegschaft für Ihr Ziel gewinnen und den Nutzen für beide Seiten herausstellen wollen?
7. Wenden Sie die Grundsätze des positiven Sprechens an.
8. Verständigen Sie sich darauf, wer aus der Gruppe die Ansprache im Plenum vortragen soll.

Reflexions-/Beobachtungsfragen für die Zuhörer bzw. Beobachter der Ansprache:

- Machen Sie sich Notizen bei allem, was Ihnen bei der Ansprache angenehm oder auch unangenehm auffällt, und melden Sie dies dem Vortragenden im anschließenden Feedback zurück.
- Berücksichtigt der Sprecher in seiner Ansprache alle Außenseiten des VerständigungsWürfels?
- Welche Seiten des VerständigungsWürfels werden besonders betont?
- Wie unterstützen Körpersprache (Gestik, Mimik) sowie Intonation des Sprechers sein Anliegen?

Dauer der Gruppenarbeit: ca. 30–45 Minuten
Dauer der Präsentation und Besprechung im Plenum: ca. 60 Minuten

Material:

- pro Gruppe mindestens ein VerständigungsWürfel – im Idealfall ein VerständigungsWürfel pro Person.
- für jeden Teilnehmer ein Aufgabenblatt.

Hinweis – Praxiserfahrung: Der Aufgabentext kann auch auf eine andere Jahreszeit adaptiert werden – zum Beispiel auf den Sommer, dann beispielsweise auf die Speiseeisproduktion. Liegt der Fokus des Seminars auf der Körpersprache, kann die Präsentation per Video mitgeschnitten werden. Das ermöglicht den Vortragenden vertiefende Einsichten zu ihrem Auftritt.

Diese Übung wird von Seminarteilnehmern meist sehr gerne durchgeführt. Selbst redegewandte Teilnehmer können dabei von den Hinweisen aller Beteiligten für die eigene Auftrittskompetenz gewinnen.

Eine ziemlich große Herausforderung oder »Was mir auf der Seele liegt« – Übung zum aktiven Zuhören

Lernziel: Die Seminarteilnehmer sind in der Lage, aktives Zuhören praktisch so umzusetzen, dass sich ihr Gesprächspartner sowohl inhaltlich als auch auf der Gefühlsebene verstanden fühlt und für sein weiteres Vorgehen in der in Rede stehenden Angelegenheit neue Impulse bekommt.

Durchführung: Bildung von Kleingruppen mit drei bis vier Teilnehmern. Innerhalb der Kleingruppen stellt ein Fallgeber ein eigenes Anliegen zur gemeinsamen Bearbeitung zur Verfügung; es gibt außerdem einen aktiven Zuhörer sowie einen Beobachter. Die Rollen wechseln nach jeweils zehn Minuten. Im Anschluss an jedes Fallbeispiel fragt der Beobachter den Fallgeber, wie es ihm in seiner Rolle erging. Danach gibt der Beobachter sein Feedback an die beiden Gesprächsteilnehmer und initiiert damit einen kurzen Austausch über die Besonderheiten der Gesprächsführung. Für diesen Austausch auf der Metaebene sind weitere fünf Minuten vorgesehen. Der VerständigungsWürfel (vgl. Abbildung 14, S. 59) dient als Leitfaden fürs Zuhören und Fragenstellen.

Heranführung an die Übung:

1. Stellen Sie den Teilnehmern im Plenum die Frage, woran sie erkennen, dass ihnen jemand aktiv zuhört. Sammeln Sie die Ergebnisse und notieren Sie diese auf Flipchart oder Pinnwand. Alternativ können Sie auch eine Powerpoint-Folie mit Merkmalen für aktives Zuhören einsetzen. Der Lerneffekt ist allerdings größer, wenn Sie die Teilnehmer selbst aktiv werden lassen.

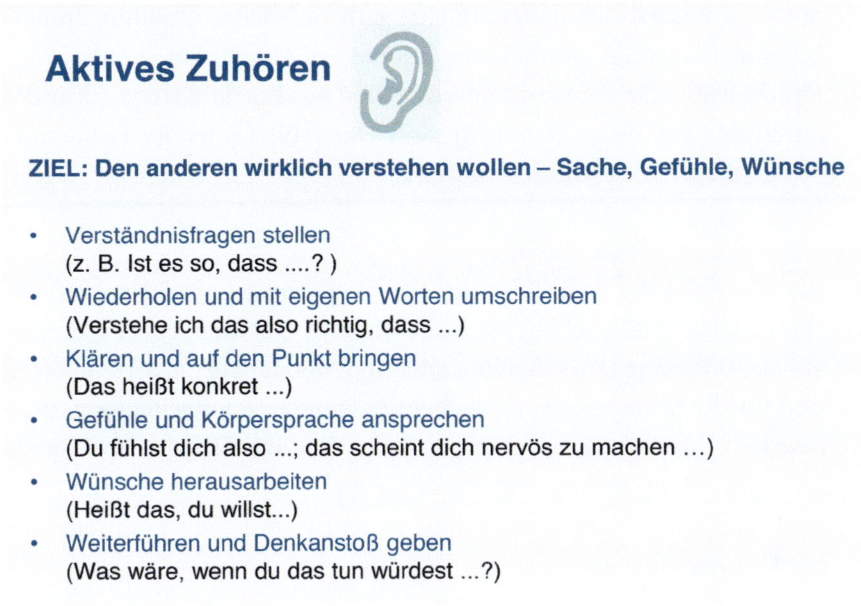

Abbildung 19: Merkmale aktiven Zuhörens

2. Stellen Sie eine Verknüpfung der gesammelten Merkmale mit den farbigen Außen- und Innenseiten des VerständigungsWürfels her: Der VerständigungsWürfel dient dabei dazu, das Gespräch zu strukturieren.
   - Machen Sie deutlich, dass es für den Zuhörer darum geht, die Wahrheit der Situation des Fallgebers zu begreifen.
   - Erklären Sie, dass es beim Zuhören darauf ankommt, eine gute Beziehung zum Fallgeber aufzubauen (gelb) sowie Schritt für Schritt Inhalts-, Gefühls- und Appellebene zu verstehen, indem der Zuhörer mit Hilfe der auf dem Würfel aufgedruckten Fragen Folgendes erfasst:
     - Fakten, Strukturen, Hierarchien (blau);
     - Emotionen, Werte, innere Haltungen und Einstellungen (grün);
     - Erwartungen, Veränderungswünsche, Lösungen (rot).
3. Es empfiehlt sich, ausdrücklich darauf hinzuweisen, dass es beim Zuhören nicht darum geht, eigene Lösungsvorschläge für die geschilderte Situation zu unterbreiten. Vielmehr gilt es, die Fragen so zu stellen, dass der Fallgeber Impulse für sein eigenes Handeln bekommt – also nicht: »Ich schlage vor, dass …«, sondern: »Was könntest du dir vorstellen zu

tun?« Es handelt sich dabei um eine ganz sachliche, allerdings Impuls gebende Frage, die somit die Funktion eines Appells hat.

4. Im Idealfall ergänzen Sie die gesammelten Merkmale aktiven Zuhörens durch eine praktische Demonstration. Dazu sollte einer der Teilnehmer sein Anliegen im Plenum schildern.

Aufgabenstellung für die Teilnehmer:

1. *Für den Fallgeber:* Schildern Sie eine Begebenheit aus Ihrem beruflichen oder privaten Leben, die Sie beschäftigt. Das kann eine besondere Herausforderung sein oder eine Situation, mit der Sie unzufrieden sind und für die Sie eine Lösung suchen; es kann eine Entscheidungssituation sein oder ein innerer oder äußerer Konflikt. Es sollte ein Thema sein, das Ihnen wichtig und in der Gruppe besprechbar ist. Auf einer Skala von 1 bis 10 sollte der Fall in seiner persönlichen Tragweite den Wert 5 nicht übersteigen.

2. *Für den Zuhörer:*
   - Hören Sie Ihrem Gesprächspartner aufmerksam zu. Der VerständigungsWürfel bietet Ihnen dabei Unterstützung (vgl. Abbildung 14, S. 59). Halten Sie ihn während des Gesprächs in der Hand und orientieren Sie sich an den Fragen des VerständigungsWürfels – und zwar auf den Außen- sowie auf den Innenseiten.
   - Signalisieren Sie Ihrem Gesprächspartner von Anfang an und zu jeder Zeit Ihre Aufmerksamkeit (auch durch nonverbale Kommunikation, z. B. Nicken oder bestätigende kurze Äußerungen und Laute wie »hmm«).
   - Versuchen Sie sowohl die äußere Situation als auch die innere Verfassung des Fallgebers zu verstehen, indem Sie dem Fallgeber nacheinander die Fragen auf der blauen, der grünen und der roten Außen- und Innenseite des VerständigungsWürfels stellen. Diese können wortwörtlich oder sinngemäß gestellt und durch weitere Fragen ergänzt werden:
     - Was willst du zur Sache sagen?/Was bedeutet dir die Sache? Oder: Worum geht es dir in diesem Fall genau?
     - Was willst du über dich mitteilen?/Welche inneren Stimmen melden sich in dir zu dieser Sache? Oder: Wie fühlst du dich in dieser Situation?

- Was willst du vom anderen?/Was bist du bereit zu geben? Oder: Wie könnte für dich eine Veränderung oder Lösung aussehen?
- Stellen Sie weiterführende Fragen, wenn Sie etwas genauer wissen wollen oder wenn Sie etwas nicht hinreichend verstanden haben.
- Fassen Sie immer wieder zusammen, was Sie bisher erfasst haben, und vergewissern Sie sich, ob das auch übereinstimmt mit dem, was Ihr Gesprächspartner tatsächlich sagen wollte. Zum Beispiel: Habe ich das richtig verstanden, dass …

3. *Für den Beobachter:*
   - Beobachten Sie vor allen Dingen denjenigen, der aktiv zuhört, und achten Sie darauf, wie der Fallgeber auf dessen Gesprächsführung reagiert. Haben Sie den Eindruck, dass er sich verstanden fühlt? Woran merken Sie das?
   - Machen Sie sich Notizen bei allem, was Ihnen angenehm oder auch unangenehm auffällt, und melden Sie dies dem aktiv Zuhörenden im anschließenden Feedbackgespräch zurück.
   - Achten Sie darauf, dass das Gespräch nicht länger als 10 Minuten dauert, und geben Sie den Gesprächsteilnehmern kurz vor Ablauf der Gesprächszeit ein entsprechendes Signal.

Reflexionsfragen im Plenum:

- Wie ist die Übung verlaufen? Wie sehr haben Sie sich auf einer Skala von 1 bis 10 von Ihrem Gesprächspartner verstanden gefühlt? (1 = gar nicht; 10 = sehr)
- Falls Sie sich nicht verstanden gefühlt haben: Was müsste Ihr Gesprächspartner an seiner Art zuzuhören verändern?
- Ist Ihnen Ihr Anliegen, Ihr Thema durch das Gespräch klarer geworden?
- Was ist Ihnen beim Zuhören leicht, was ist Ihnen schwer gefallen?

Dauer der Gruppenarbeit bei drei Personen: 45 Minuten
Dauer der Besprechung im Plenum: ca. 15 Minuten. Für die Vorbereitung auf die Übung mit theoretischer Einführung und praktischer Demonstration sollten weitere 30 Minuten veranschlagt werden. Das heißt, für die ganze Lerneinheit zum aktiven Zuhören, wie hier beschrieben, sind circa 90–100 Minuten zu rechnen.

Material:

- pro Kleingruppe mindestens ein VerständigungsWürfel – im Idealfall ein VerständigungsWürfel pro Teilnehmer,
- Flipchart für das Sammeln und Notieren der Merkmale aktiven Zuhörens – je nach Bedarf Laptop/Tablet/Beamer für das Einblenden von Folien,
- Aufgabenblatt,
- Block und Stift für Beobachtungsnotizen.

Hinweis – Praxiserfahrung: Aktives Zuhören ist eine der Übungen, die auf den ersten Blick leicht zu sein scheint. Doch Rückmeldungen zeigen, dass die Teilnehmer diese Übung als anspruchsvoll erleben. Und zwar auch deshalb, weil sie als Zuhörer die Tendenz spüren, in gewohnte Gesprächsmuster zu verfallen: zum Beispiel Ratschläge zu erteilen oder eigene Erfahrungen in das Gespräch einzustreuen. Es empfiehlt sich, immer einmal wieder in die Kleingruppenarbeit erläuternd und korrigierend einzugreifen.

Palmensätze parieren – Übung zur Technik des Klärens

Wer kennt das nicht? Manchmal verschlägt es uns die Sprache angesichts der Unverschämtheiten, die uns ein anderer ins Gesicht sagt, oder angesichts eines Vorwurfs, den der andere an uns richtet. Da wissen wir manchmal vor Empörung gar nicht weiter oder wir sind wütend oder völlig genervt. Zuweilen fühlen wir uns von jemandem mit den immer gleichen Vorwürfen konfrontiert und reagieren stets nach demselben wirkungslosen Muster. Wir sind emotional auf der Palme und geraten womöglich in Streit. Verständigung auf Augenhöhe sieht anders aus. Und so tun wir gut daran, uns souveräne Antwortalternativen einfallen zu lassen.

Lernziel: Durchbrechen stereotyper Verhaltens- und Sprachmuster

Heranführung an die Übung: Es empfiehlt sich, das Prinzip des Klärens vorab zu erörtern und anhand ausgewählter Beispiele (siehe → Teil A, Kapitel 3.3) mit Hilfe des VerständigungsWürfels und/oder mit Abbildung 15 (S. 66) als Vorlage zu üben.

Hier einige Palmensätze von Seminarteilnehmern und ausgewählte Lösungsvorschläge:

- Das kannst du doch nicht.
  - Wie kommst du darauf?
  - Stimmt. Am besten du machst das selbst.
  - Du willst es lieber selbst machen?
- Kannst du dich nicht ein bisschen schneller entscheiden!?
  - Was heißt schneller?
  - Wie schnell ist schnell genug?
  - Bist du unter Zeitdruck?
  - Du hältst mich für entscheidungsunfähig?
- Mach dich mal locker!
  - Was wäre dann anders?
  - Wie wäre ich dann?
  - Du fühlst dich wohl ziemlich cool, was?
  - Du hältst dich wohl für ziemlich überlegen?
- Da machst du's dir mal wieder ganz schön einfach.
  - Stimmt.
  - Wieso sollte ich's mir schwer machen?
  - Du willst, dass ich mir das Leben schwer mache?
- Man sollte sich vorher Gedanken machen.
  - Worüber sollte man sich vorher Gedanken machen?
  - Wen meinst du mit »man«?
  - Du willst, dass ich alles genau so mache wie du?
- Wenn du keine Probleme hast, dann schaffst du dir welche.
  - Kannst du mal ein konkretes Beispiel nennen?
  - Du nimmst mich und meine Sorgen offenbar nicht ernst.

Durchführung: Bildung von Kleingruppen mit drei bis sechs Teilnehmern. Zunächst notiert jeder Teilnehmer für sich einen »Palmensatz« auf eine weiße Moderationskarte, also einen Ausspruch von Kollegen, Partnern, Familienmitgliedern, Freunden oder auch Kunden, der ihn auf die Palme bringt. Danach sucht die Gruppe mit Hilfe des VerständigungsWürfels nach einer passenden Entgegnung, mit der der Palmensatz pariert wird. Diese Erwiderung soll dazu beitragen

- den Palmensatz zu verifizieren oder zu hinterfragen und somit zu klären oder
- zu bestätigen und somit gegebenenfalls den anderen zu verblüffen oder ihm den Wind aus den Segeln zu nehmen. Der Gesprächspartner soll sich dadurch entweder zu einer Nachfrage aufgefordert fühlen oder seinen stereotypen Satz künftig unterlassen.

Als Arbeitsvorlage dient der VerständigungsWürfel gemäß der Beschreibung zum Thema »Klären« in → Teil A, Kapitel 3.3. Die Erwiderungen werden – entsprechend der Seite des VerständigungsWürfels, mit deren Hilfe der Palmensatz pariert wird – auf eine farbige Karte geschrieben. Mehrere Antworten pro Palmensatz sind möglich. Die Gruppe entscheidet sich für die Antwortalternative, die sie am wirkungsvollsten erlebt. Bei der Ergebnispräsentation und Besprechung im Plenum werden die Fallbeispiele inklusive Antwortmöglichkeiten an einer Pinnwand befestigt.

Aufgabenstellung für die Teilnehmer:

1. Notieren Sie einen oder mehrere Palmensätze jeweils auf eine weiße Moderationskarte.
2. Schildern Sie reihum in der Gruppe den Kontext des Palmensatzes und Ihre bisherigen Reaktion auf den ausgewählten Palmensatz.
3. Erörtern Sie zusammen mit Ihren Kollegen wirkungsvolle Antwortalternativen mit Hilfe des VerständigungsWürfels gemäß Ihren Vorkenntnissen zum Klären.
4. Entscheiden Sie sich für die von Ihnen favorisierte Variante. Das Kriterium sollte sein: Welches Ziel wollen Sie erreichen bzw. welche Reaktion wollen Sie damit beim Gegenüber hervorrufen?
5. Notieren Sie sich die Antwort(en) auf eine farbige Moderationskarte. Wollen Sie den verbalen Angriff auf der Beziehungsseite des VerständigungsWürfels parieren, so schreiben Sie Ihren Satz auf eine gelbe Karte. Wenn Sie eine Antwort auf der sachlichen Seite des VerständigungsWürfels bevorzugen, dann wählen Sie eine blaue Karte usw.

Reflexionsfragen im Plenum:

- Wie erklären Sie sich Ihre Sprachlosigkeit in manchen Lebenssituationen?

- Wie schätzen Sie die Reaktion Ihres Gesprächspartners auf die Änderung Ihres Verhaltensmusters ein?
- Welchen Erkenntnisgewinn ziehen Sie für sich aus der Übung?
- Mit welchen Sprüchen pflegen Sie selbst, Ihre Mitmenschen mundtot zu machen? Falls es solche Sprüche gibt – welche Absicht verbinden Sie mit einem solchen Spruch?

Dauer der Gruppenarbeit: ca. 30 Minuten
Dauer der Besprechung im Plenum: ca. 30–45 Minuten
Für die Hinführung ans Thema und die theoretische Erörterung sowie eine musterhafte Vorführung, was mit »Klären« gemeint ist (vgl. → Teil A, Kapitel 3.3), sollten ebenfalls ca. 45 Minuten veranschlagt werden. Das heißt, insgesamt sind für diesen Themenblock ca. 105–120 Minuten einzuplanen.

Material:
- pro Teilnehmer ein VerständigungsWürfel;
- pro Gruppe ausreichend weiße, gelbe, grüne, blaue und rote Moderationskarten;
- pro Teilnehmer einen schwarzen Marker;
- eine Pinnwand;
- ein Aufgabenblatt.

Hinweis – Praxiserfahrung: Die Übung kann ein Gefühl der Solidarität mit den Gruppenkollegen erzeugen, weil sie dabei die Erfahrung machen: »Auch die anderen sind manchmal auf den Mund gefallen.« Haben die Teilnehmer das Prinzip des Klärens verstanden, so wissen sie diese Übung sehr zu schätzen, da sie ihnen Handlungsoptionen für bisher scheinbar ausweglose Situationen aufzeigt.

Häufig staunen die Seminarteilnehmer, dass es kein Patentrezept für eine wirkungsvolle Antwort gibt und dass oft – aber nicht immer – eine sachliche Entgegnung das richtige Mittel der Wahl ist. Es kommt eben darauf an, was ich erreichen will. Und es hängt immer auch von der Situation ab. Eine Antwort auf der sachlichen Seite erweist sich besonders dann als vorteilhaft, wenn wir mit einer schlichten Frage an den Gesprächspartner nicht einfach nur einen vermeintlichen Angriff parieren, sondern darüber hinaus etwas in Erfahrung bringen wollen.

Diese Übung lässt sich sehr gut mit Körperübungen zum Thema »Widerstand« kombinieren und vorbereiten (vgl. Kalnins u. Röschmann, 2008, S. 74 ff.). Denn das Prinzip des Parierens ist es gerade, den Widerstand aufzugeben und zu erkunden, was der Palmensatz tatsächlich meint, bzw. das Gesagte aufzugreifen, zu bestätigen oder auch schlicht zu verneinen – nicht jedoch zum verbalen Gegenschlag auszuholen.

Erhitzte Gemüter besänftigen – Übung zur Technik des Deeskalierens

Lernziel:

- emotionale Situationen mit hohem Konfliktpotenzial durch Deeskalation entschärfen,
- Fallbearbeitung unter Zuhilfenahme des VerständigungsWürfels und Simulation einer Anwendung im Rollenspiel.

Durchführung: Bildung von Kleingruppen mit 4 Teilnehmern. Diese bearbeiten gemeinsam eines der nachfolgenden Fallbeispiele mit Hilfe des VerständigungsWürfels und der Vorlage gemäß Abbildung 15 (S. 66). Das Fallbeispiel soll in Form eines Rollenspiels präsentiert werden. Die Vierergruppe teilt sich bei der Vorbereitung: zwei Teilnehmer bereiten die Rolle des Empörten vor; die anderen beiden erarbeiten eine Entgegnung auf mögliche Vorwürfe, die eine Eskalation verhindert. Zwischen den beiden Teilgruppen finden keine Absprachen statt, damit das Rollenspiel möglichst authentisch wird.

Aufgabenstellung für die Teilnehmer:

1. Jeweils eine Vierergruppe bearbeitet eines der drei genannten Beispiele.
2. Bestimmen Sie in jeder Gruppe die beiden Rollenspieler. Diesen steht in der Gruppe jeweils ein Berater zur Seite, mit dem sie sich gemeinsam auf das Rollenspiel vorbereiten.
3. Die beiden Zweiergruppen sprechen sich untereinander nicht ab, um das Rollenspiel möglichst authentisch zu gestalten.
4. Mit welchen Vorwürfen muss der Gesprächspartner des Empörten rechnen und wie könnte er diesen deeskalierend begegnen?
5. Wie könnte eine Einigung aussehen?

Beispiel 1: Aktenberge

Kollege A hat viel Kundenkontakt und schiebt Aktenbearbeitung daher auf die lange Bank. Im Büro türmen sich die Papierstapel, die Kollege B wie ein Hamster im Rad abzuarbeiten versucht, denn er möchte am Ende nicht für liegen gebliebene Arbeit in der Abteilung zur Verantwortung gezogen werden. Doch Kollege A tut immer weniger, lässt immer mehr Akten unbearbeitet liegen und die Berge mit unerledigten Unterlagen werden immer höher - bis dem Kollegen B eines Tages der Kragen platzt …

Beispiel 2: Haushalt

Herr und Frau M. sind beide in Vollzeit berufstätig und haben zwei schulpflichtige Kinder. Sie haben eine Vereinbarung darüber, dass sie sich beide zusammen sowohl um die Kinder als auch um den Haushalt kümmern. Dennoch spürt Frau M. deutlich, dass sie mit Haushaltsdingen wesentlich mehr beschäftigt ist als ihr Mann. Als er sie eines Tages nach dem gemeinsamen Abendessen darum bittet, den Müll hinunterzubringen (was sonst zu seinen Aufgaben gehört), weil er so kaputt sei, geht sie an die Decke …

Beispiel 3: Hotelparkplätze

Frau H. ist Besitzerin eines Hotels im Zentrum einer von Touristen gerne besuchten süddeutschen Kleinstadt. Das Hotel verfügt über eigene Parkplätze. Dennoch parken Gäste immer wieder - mit Sondergenehmigung der städtischen Ordnungsbehörde - auf den Anwohnerparkplätzen um das Hotel herum. Und das ist ganz im Sinne der Chefin, die die Hotelparkplätze auf ihrem eigenen Gelände gerne für spontane Besucher oder in den Abendstunden ankommende Gäste freihält. Die Anwohner ärgern sich darüber, weil sie nach Feierabend selbst kaum mehr Parkplätze finden können. Eines Abends steht eine Anwohnerin, Frau K., empört bei der Hotelchefin auf der Matte …

Reflexionsfragen im Plenum:

- Was hatten Sie sich für das Gespräch vorgenommen?
- Wie ist das Gespräch aus Ihrer Sicht verlaufen?
- Konnte das »Deeskalationsmuster« umgesetzt werden?
- Kommt eine Einigung zustande?
- Falls eine Einigung zustande kommt: Was war bei dem Verständigungs-

prozess zu beobachten? Wurde der Vorschlag uneingeschränkt vom anderen angenommen?

Dauer der Gruppenarbeit: ca. 10–15 Minuten
Dauer der Präsentation im Plenum pro Beispiel mit Nachbesprechung: ca. 10 Minuten
Gesamtzeit: ca. 35–45 Minuten

Material:
- mindestens ein VerständigungsWürfel in den Zweiergruppen, die eine deeskalierende Reaktion vorbereiten sollen – im Idealfall ein VerständigungsWürfel pro Teilnehmer;
- ein Aufgabenblatt mit den drei Beispielen pro Teilnehmer.

Hinweis – Praxiserfahrung: Rollenspiele stehen und fallen mit der Spielfreudigkeit der Gruppe. Auch wenn diese nicht besonders ausgeprägt sein sollte, sind die beschriebenen Beispiele gut zu bearbeiten. Notfalls werden sie nicht als Rollenspiele dargeboten, sondern in Form von vorbereiteten Vorwurfstiraden und möglichen Antworten darauf. Doch meistens bin ich angenehm überrascht, Seminarteilnehmer mit teils großem Improvisationstalent zu erleben.

Bei den beschriebenen Beispielen darf die Empörung ruhig ein bisschen übertrieben werden. Weisen Sie die Teilnehmer darauf hin. Diejenigen, die Spielfreude und Improvisationstalent mitbringen, werden sich dadurch animiert fühlen und noch lieber diesen Part übernehmen. Für Teilnehmer, die weniger spontan sind und sich lieber systematisch auf eine Präsentation vorbereiten, ist möglicherweise eher die Rolle desjenigen geeignet, der die Situation deeskaliert.

Selbstverständlich können die Teilnehmer auch mit Beispielen aus ihrem eigenen Leben arbeiten. Je näher an ihrer Alltagspraxis, desto größer Lerneffekt und Nutzen. Fordern Sie die Teilnehmer daher in dieser Übung dazu auf, eigene Fälle einzubringen. Je spontaner die Übung durchgeführt wird, desto lebendiger und authentischer ist sie und desto eher wird deutlich, inwiefern die Teilnehmer den erlernten Stoff bei nur geringem Vorbereitungsaufwand praktisch umsetzen können.

Ganz gleich, ob Sie mit realen Beispielen oder mit den Mustersätzen dieses Buches arbeiten, weisen Sie die Teilnehmer darauf hin, die empörte Person immer bei ihren Gefühlen und somit auf der Selbstmitteilungsebene abzuholen, die gedoppelt wird. Diese Gefühle können – wie einige Lösungsvorschläge zeigen – auch nur in einem kurzen Halbsatz angesprochen werden.

Lösungsvorschläge für die genannten Beispiele:

Beispiel 1: Aktenberge

Kollege A könnte die Situation folgendermaßen deeskalieren:

Kollege A: Du ärgerst dich, weil ich vieles immer so lange vor mich herschiebe.

Kollege B: Allerdings.

Kollege A: Und du hältst mich für einen faulen Hund!

Kollege B: Na – das ist jetzt ein bisschen krass ausgedrückt. Aber es bleibt einfach immer alles an mir hängen!

Kollege A: Okay – du willst, dass ich dich mehr unterstütze!

Kollege B: Genau!

Kollege A: Gut. Jetzt hat sich ja nun schon einiges angesammelt. Daher mache ich dir folgenden Vorschlag: Ich werde in der nächsten Woche jeden Tag eine halbe Stunde länger hier im Büro bleiben, damit der Berg endlich abgearbeitet wird. Und zwar von mir! Ich kann zwar nicht garantieren, dass dann alles vom Tisch ist, aber ich werde mich darum bemühen! Einverstanden?

Beispiel 2: Haushalt

Der Ehemann könnte die Situation folgendermaßen deeskalieren:

Ehemann: Du bist sauer und du glaubst, ich drücke mich vor der Arbeit.

Ehefrau: Genau.

Ehemann: Du willst auf jeden Fall, dass ich grundsätzlich mehr anpacke und nicht nur, dass ich jetzt den Müll hinunterbringe.

Ehefrau: Genau.

Ehemann: Also gut. Und ich mache dir einen Vorschlag: Ich bringe auch in der nächsten Woche nicht nur den Müll hinunter, sondern lade dich zum Essen bei unserem Lieblingsitaliener ein – als kleine Entschädigung für deinen Ärger. Dann können wir in Ruhe unsere Aufgabenverteilung besprechen – falls dir das ein Anliegen ist. Was hältst du davon?

Beispiel 3: Hotelparkplätze

Die Hotelchefin könnte die Situation folgendermaßen deeskalieren:

Hotelchefin: Sie ärgern sich und Sie halten uns für unfaire Nachbarn.

Nachbarin: Ja - ich finde das nicht in Ordnung, wie Sie das mit den Parkplätzen handhaben.

Hotelchefin: Und Sie hätten es am liebsten, dass einer unserer Gäste jetzt einen Platz für Sie freimacht und selbst in dem Parkhaus da drüben parkt.

Nachbarin: Klar. Ich hätte am liebsten, dass von Ihren Gästen gar keiner hier parkt!

Hotelchefin: Okay. Ich mache Ihnen einen Vorschlag: Auf unserem Parkplatz ist heute noch ein freier Platz. Den will ich Ihnen gerne bis morgen anbieten.

2.4 Metakommunikation pflegen

Kein Kommunikationsseminar ohne Metakommunikation. Denn Metakommunikation ist das A und O der Verständigung und Konfliktprävention. Sie ist sozusagen der »Seminar-TÜV«, in dessen Verlauf sich die Frage klärt, wie gut die Seminarteilnehmer zusammenarbeiten können und was der Seminarleiter gegebenenfalls verändern muss, damit sich alle Beteiligten wohlfühlen und zufriedenstellende Lernschritte machen.

Findet ein Seminar an mehreren aufeinanderfolgenden Tagen statt, so empfiehlt sich zu Beginn jeden Tages eine metakommunikative Morgenrunde, in der die Teilnehmer zum vorangegangenen Seminartag all das ansprechen können, was ihnen am Herzen liegt. In den meisten Seminaren werden die Teilnehmer anhand des TZI-Dreiecks von Ruth Cohn zur Morgenrunde eingeleitet. Wer ein Kommunikationsseminar mit dem VerständigungsWürfel leitet, kann dessen Systematik auch als Leitfaden für Morgenrunden nutzen. Dies hat mehrere Vorteile:

1. Es muss kein zusätzliches Modell aufgegriffen und erklärt werden.
2. Der VerständigungsWürfel lädt mit seiner roten Appellseite und der Frage »Was will ich vom anderen?« direkt zum Feedback an die Kollegen und den Trainer ein.

Lernziel: Die Teilnehmer wenden den VerständigungsWürfel an, um ihre eigene Wahrheit der Situation und gegebenenfalls eigene Anliegen im Rahmen des Seminars darzulegen, um Feedback zu geben und Kritik zu üben.

Durchführung: Die Teilnehmer sitzen im Stuhlkreis. Jeder hat einen VerständigungsWürfel in der Hand. Innerhalb der Morgenrunde sind vier Phasen zu unterscheiden:

1. Reflexionsrunde,
2. Impulsrunde,
3. Ergänzungsrunde,
4. Organisationsrunde.

Vor dem Einstieg in die Reflexionsrunde lässt der Trainer mit Blick auf den Seminarablauf am Flipchart den Vortag Revue passieren.

1. *Aufgabenstellung in der Reflexionsrunde:* Sie haben jetzt fünf Minuten Zeit, den gestrigen Tag vor Ihrem inneren Auge nochmals Revue passieren zu lassen. Nutzen Sie die Fragen auf den Innenseiten des VerständigungsWürfels zur Ordnung Ihrer ungefilterten Gedanken sowie der Impulse und Gefühle, die sich einstellen:
   - Welche Stimmen melden sich in mir zum gestrigen Tag? (grün)
   - Was bedeutet mir der Gegenstand des gestrigen Seminartages? (blau)
   - Wie stehe ich zu den anderen und zu unserer Beziehung bzw. wie sehe ich mich in der Teilnehmergruppe? (gelb)
   - Was will ich von den anderen, was ist meine Bitte an sie? (rot)
2. *Aufgabenstellung in der Impulsrunde:* Wir kommen jetzt zum Kernstück der Morgenrunde, der Metakommunikationsrunde. Wer von Ihnen den größten Mitteilungsdruck verspürt, der darf beginnen. Ihre Aufgabe ist es, für sich zu entscheiden, was Sie uns von Ihren bisher noch ungefilterten Gedanken mitteilen wollen. Filtern Sie also Ihre Gedanken und kleiden Sie diese in Worte. Wer möchte uns gerne als Erste(r) etwas darüber mitteilen, was ihn oder sie rückblickend auf den gestrigen Tag bewegt hat? Welchen Appell wollen Sie an die Gruppe, an Einzelne aus der Gruppe oder an mich richten? Sie können die Fragen auf den Außenseiten des VerständigungsWürfels in beliebiger Reihenfolge beantworten. Folgen Sie Ihrem inneren Impuls.

Hinweis für die Fortführung nach dem ersten Morgenrundenbeitrag: Nachdem ein Mutiger den Anfang gemacht hat, wird abgezählt – je nach Teilnehmerzahl kann dies jeder dritte oder jeder vierte sein, der dann in der Impulsrunde ebenfalls auf allen vier Seiten des VerständigungsWürfels etwas von sich preisgibt.

3. *Aufgabenstellung für die Ergänzungsrunde:* Nachdem jetzt alle Impulsgeber dran waren, kommen wir zur Ergänzungsrunde – im Trainerjargon auch »Kraut-und-Rüben-Runde« genannt. In dieser Runde können alle Teilnehmer, die heute Morgen noch keine Gelegenheit dazu hatten, etwas von sich mitteilen. Dies kann, muss aber nicht auf allen vier Seiten des VerständigungsWürfels geschehen. Sie können sich auf einzelne Seiten des VerständigungsWürfels konzentrieren oder vorhergehende Impulsbeiträge aufgreifen und diese ergänzen.
4. *Aufgabenstellung für die Organisationsrunde:* Wir kommen nun zum organisatorischen Teil der Morgenrunde. Gibt es diesbezüglich noch etwas, das wir besprechen oder regeln müssen? (z. B. Organisation von Fahrgemeinschaften für die Heimreise, gemeinsames Gruppenbild)

Dauer: Im Seminar sind circa 30–40 Minuten dafür zu veranschlagen.

Material: pro Teilnehmer ein VerständigungsWürfel

Hinweis – Praxiserfahrung: Wird die Morgenrunde zum ersten Mal in einem Seminar durchgeführt, so herrscht in der Regel ein wenig Verunsicherung und demzufolge auch allgemeine Zurückhaltung. Im besten Fall finden sich einige Mutige und Engagierte, die sich strikt an die farbigen Außenseiten des VerständigungsWürfels halten, um die Runde in Schwung zu bringen. Dennoch ist die Runde meist recht rasch beendet.

Je mehr Erfahrung die Seminarteilnehmer mit metakommunikativen Morgenrunden haben, desto eher sind sie zum Reden aufgelegt und desto weniger fürchten sie, etwas von sich preiszugeben, was sie so normalerweise nicht sagen würden. Die Folge: Die Metakommunikationsrunden werden länger.

Die Ergänzungsrunde kann sich auch zu einem Gespräch zwischen den Teilnehmern entwickeln. Je nachdem, wie kontrovers die vorgebrachten

Themen diskutiert werden, ist dies unter gruppendynamischen Gesichtspunkten eine sehr interessante Seminarphase, die selbst wiederum Gegenstand der Gruppenreflexion werden kann. Wie reden wir hier und jetzt miteinander? Und: Können und wollen wir uns auf weitere Vorgehensweisen im Seminar einigen? Wenn ja, auf welche?

Kommen echte Störungen zu Tage, kann es gruppendynamisch brisant werden. Eine gute Gelegenheit, um die Wirksamkeit von Morgenrunden in der Praxis vor Augen zu führen und in der Kommunikation gleich das Gelernte anzuwenden.

2.5 Lernaktivierende Übungen

Perspektivenwechsel

Lernziel: Die Teilnehmer beschreiben ihre individuellen Wahrnehmungen aus unterschiedlichen Perspektiven so präzise wie möglich, um eine bestimmte Situation in ihrer Ganzheit zu erfassen.

Durchführung – Aufbau: Bauen Sie in einer Pause, in der keine Seminarteilnehmer im Raum sind, in der Mitte des Stuhlkreises mit verschiedenen Gegenständen ein Stillleben inklusive einiger VerständigungsWürfel auf. Achten Sie darauf, dass sich von unterschiedlichen Sitzplätzen im Stuhlkreis ganz andere Perspektiven auf das Stillleben ergeben – von manchem Platz aus sind bestimmte Gegenstände verdeckt, von anderen Plätzen aus hingegen lassen sich nahezu alle Gegenstände betrachten. Vom VerständigungsWürfel sollten unterschiedliche Außenseiten ins Blickfeld der Betrachter rücken.

Aufgabenstellung für die Teilnehmer: »Schauen Sie sich dieses Stillleben genau an! Herr Kunze, beschreiben Sie bitte möglichst genau, was Sie sehen. Nur beschreiben, nicht interpretieren!« Daraufhin fordern Sie ein bis zwei weitere Teilnehmer mit möglichst unterschiedlichen Blickwinkeln dazu auf, das, was sie sehen, zu beschreiben.

Reflexionsfragen im Plenum:
- Welche Schlüsse ziehen Sie aus den unterschiedlichen Schilderungen?

- Wer will sich auf meinen Stuhl setzen, um zu erleben, wie sich die Situation vom Platz des Trainers aus darstellt?
- Falls sich ein Teilnehmer zum Platztausch bereit erklärt: Wie fühlt sich das an? Was ist anders? Wie wohl fühlen Sie sich auf diesem Platz?

Dauer (ohne Aufbau): ca. 10–15 Minuten

Material:
- zwei bis drei VerständigungsWürfel;
- ein etwas größerer Gegenstand – zum Beispiel eine Aktentasche oder ein Moderationskoffer – der Teile des Stilllebens in der Mitte des Stuhlkreises verdecken kann;
- diverse kleinere Gegenstände, mit denen Sie das Stillleben in der Mitte des Stuhlkreises ergänzen – zum Beispiel Stifte, ein Buch, ein Päckchen Papiertaschentücher usw.;
- ein großes Tuch, um das Stillleben abzudecken.

Hintergrund – Praxiserfahrung: Diese Beobachtungsübung eignet sich besonders dann, wenn im Rahmen des Kommunikationstrainings ein Schwerpunkt auf die Vereinbarkeit unterschiedlicher Positionen bzw. auf die Lösung von Konflikten gelegt wird.

Beim Aufbau des Stilllebens ist darauf zu achten, dass sich möglichst unterschiedliche Perspektiven ergeben – insbesondere was die sichtbaren Farben der VerständigungsWürfel angeht.

Prozessoptimierung

Lernziel: Die Teilnehmer setzen Verständigung praktisch um und einigen sich auf eine von allen getragene Vorgehensweise zur Lösung der gestellten Aufgabe.

Durchführung: Die Teilnehmer stellen sich im Kreis auf – ungefähr eine Armlänge weit voneinander entfernt. Ein VerständigungsWürfel wird von Teilnehmer zu Teilnehmer gereicht. Der Seminarleiter misst – von den Teilnehmern zunächst unbemerkt – mit der Stoppuhr die Zeit, die der Würfel braucht, bis er an seinen Ausgangspunkt zurückgekehrt ist. Nachdem der

VerständigungsWürfel zu demjenigen zurückgekehrt ist, der ihn in Umlauf gebracht hat, verkündet der Seminarleiter die benötigte Zeit und formuliert die Aufgabenstellung.

Aufgabenstellung für die Teilnehmer nach der ersten Runde, in der der Würfel herumgereicht wurde: Sie sind eine Gruppe, die inzwischen zwei Tage lang zusammengearbeitet hat! Jetzt haben Sie Gelegenheit zu beweisen, dass Sie auch ein gutes Team sind und eine gemeinsame Zielsetzung erreichen können. Versuchen Sie, den Prozess des Würfelumlaufs so zu optimieren, dass er die Runde schneller bewältigt als vorhin! Was fällt Ihnen dazu ein? Wie kann der Würfel möglichst schnell von Teilnehmer zu Teilnehmer befördert werden? Verständigen Sie sich auf eine Vorgehensweise. Wenn Sie sich geeinigt haben, dann geben Sie Bescheid, dann stoppe ich die Zeit nochmals!

Dauer: bei zwei bis drei Runden ca. 10 Minuten

Material: ein VerständigungsWürfel

Hinweis – Praxiserfahrung: Wichtig: Der Würfel muss die Runde machen und jeder Teilnehmer muss ihn berühren! Dieses Spiel, das den Ehrgeiz der Teilnehmer anregt, eignet sich zum Seminarabschluss. Die Teilnehmer können das, was sie im Seminar zum Thema Verständigung gelernt haben, praktisch umsetzen und haben auch noch Spaß dabei. Auch für Teamentwicklungsseminare geeignet.

2.6 Verständigung mit unterschiedlichen Kommunikationstypen

Menschliche Grundstrebungen und der VerständigungsWürfel

Dem Themenblock »Verständigung mit unterschiedlichen Kommunikationstypen« liegt das so genannte »Riemann-Thomann-Modell« zugrunde (vgl. Thomann, 2008, S. 231 ff.). Ich möchte es an dieser Stelle einführen, da dieses Modell in der Systematik des VerständigungsWürfels seinen Platz findet und Impulse dafür liefert, wo in der zwischenmenschlichen Kommunikation besondere Verständigungskompetenz gefragt ist. Viele herausfordernde Kommunikationssituationen – selbst Teufelskreis-Konstellationen, die völlig verfahren zu sein scheinen – lassen sich damit erklären und mit Hilfe des VerständigungsWürfels auflösen.

Im Kommunikationstraining mit fortgeschrittenen Teilnehmern habe ich mit der Verknüpfung dieser beiden Modelle gute Erfahrungen gemacht. Indem ich die vier farbigen Seiten des VerständigungsWürfels mit den vier Grundstrebungen des Menschen nach Riemann-Thomann in Verbindung bringe, lassen sich extreme Verhaltensweisen in der Kommunikation bestimmten Typen zuordnen. Auch die eigenen Tendenzen in der Sprechweise werden auf einmal deutlich und erscheinen vor diesem Hintergrund in einem neuen Licht. Für einen Vielredner kann beispielsweise verständlich werden, warum er andere mit seinen Geschichten und Anekdoten amüsieren, bisweilen aber auch deren Unmut auf sich ziehen kann – und zwar dann, wenn er damit ein Ungleichgewicht in der Kommunikation auslöst, mit dem sich auf Dauer nicht nur andere unwohl fühlen, sondern womöglich auch er selbst. Oder wenn jemand, der dazu neigt, anderen gut gemeinte Ratschläge zu erteilen oder sie in ihrem Verhalten zurechtzuweisen, schon im Voraus erkennt, bei wem er damit auf besonderen Widerstand stoßen wird.

Werden im Kommunikationstraining beide Modelle in Kombination behandelt, bekommen die Teilnehmer gleich zwei Selbstmanagement-Tools an die Hand: das Riemann-Thomann-Modell, das ihnen eine allgemeine Selbst- und Fremdeinschätzung erlaubt und als Konfliktkompass fungiert; und den VerständigungsWürfel, der es ihnen ermöglicht, eine Gesprächsstrategie zu entwickeln, um Konflikten genau dort vorzubeugen, wo sie nach Riemann-Thomann abzusehen sind.

Dauer-, Wechsel-, Nähe- und Distanzstrebung

Das Riemann-Thomann-Modell beschreibt vier Grundstrebungen, die als wesentliche Anlage jedem Menschen innen wohnen. Es sind die Strebung nach Nähe einerseits und nach Distanz andererseits sowie die Strebung zu Dauer und die zu Wechsel. Es handelt sich dabei um Verhaltenstendenzen, die bei allen Menschen in unterschiedlicher Intensität ausgeprägt und wahrnehmbar sind. Je nach Intensität einer der vier Strebungen besetzen wir im Riemann-Thomann-Kreuz ein bestimmtes »Heimatgebiet«, ein grafisch darstellbares Feld (vgl. Abbildung 22, S. 137), in dem unser Verhaltens- und Empfindungsrepertoire zu großen Teilen verankert ist (vgl. Thomann, 2008, S. 236). Es ist uns vertraut, sozusagen unsere »Komfortzone«, die sich auch über mehrere Quadranten erstrecken kann und einen Persönlichkeitsschwerpunkt in der Mitte hat. Doch dieses Heimatgebiet kann sich im Lauf des Lebens verändern. Abhängig von persönlichen Erfahrungen verstärken sich vorherrschende Tendenzen oder werden durch eine Gegentendenz ausgeglichen und abgeschwächt.

Den vier Grundstrebungen des Menschen – Nähe und Distanz, Dauer und Wechsel – können eine Reihe von Begriffen und Eigenschaften zugeordnet werden, mit deren Hilfe sich die jeweilige Strebung erfassen lässt. So lässt sich bei Menschen mit ausgeprägten Nähetendenzen ein verstärktes Kooperations- und Harmoniebedürfnis feststellen. Das Miteinander sowie Vertrauen und Gefühle besitzen einen deutlich höheren Stellenwert gegenüber Individualität, Freiheitsliebe, Unabhängigkeit und Intellekt, die wiederum für Menschen mit ausgeprägten Distanzstrebungen wichtig sind. Für Menschen mit der vorherrschenden Strebung Dauer sind Strukturen, Ordnung, Hierarchien, Regeln, Grundsätze und Systematiken maßgebend. Wer wechselorientiert ist, handelt hingegen eher spontan und aus dem Moment heraus – er liebt Abwechslung, Kreativität, Bewegung und Abenteuer in jeder Hinsicht.

Konfliktkompass

Das Riemann-Thomann-Modell erweist sich insbesondere bei der Klärung von Konfliktsituationen als hilfreich. Dabei ist immer wieder zu beobachten, dass Reibung dort entsteht, wo gegensätzliche Strebungen aufeinandertreffen: etwa wenn ein ordnungsliebender Angestellter mit dem – aus seiner Sicht – chaotischen Kollegen aneinandergerät, der die Kaffeetassen dort stehen lässt, wo sie nicht unbedingt hingehören, und der Termine auch schon mal auf die lange Bank schiebt. Konflikte entstehen häufig auch in Beziehungen, wenn ein Partner mehr Nähe sucht, als der eher distanzorientierte andere zulässt. In solchen Fällen lassen sich die Spannungen gut mit Hilfe des Riemann-Thomann-Modells erklären. Wie ein Kompass zeigt es die gegensätzlichen Tendenzen an und macht damit begreifbar, dass die Konflikte weniger aus persönlicher Aversion entstehen, sondern vielmehr den unterschiedlichen Anlagen des Menschen geschuldet sind. Insofern ist dieses Modell in erster Linie als Toleranz- und weniger als Diagnosemodell zu verstehen, wenngleich die Zuordnung von bestimmten Verhaltensweisen zu den vier Polen Anhaltspunkte für eine Typisierung liefert – durchaus vergleichbar mit einem Kompass.

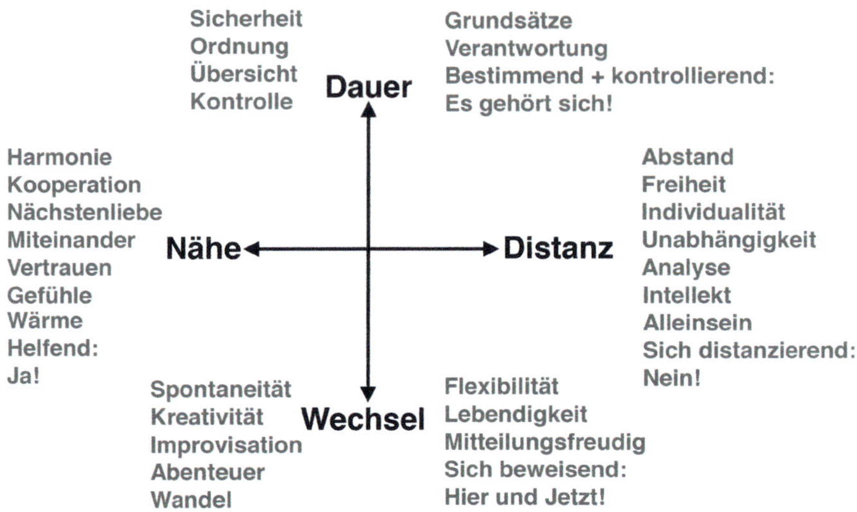

Abbildung 20: Die vier Grundstrebungen des Menschen im Spannungsfeld der Zeitachse Dauer–Wechsel und der Raumachse Nähe–Distanz

2.6

Selbstmanagement

Was hat das Riemann-Thomann-Modell mit dem Thema Verständigung und vor allem mit dem VerständigungsWürfel zu tun? Viel. Denn das Riemann-Thomann-Modell zeigt an, wo wir Gefahr laufen, die Verständigung aus dem Auge zu verlieren, weil in unserem Verhalten unsere Gegensätze dominieren und aufeinanderprallen. Insofern ist es – wie der VerständigungsWürfel – ein Instrument zur Konfliktprävention. Es dient dem Selbstmanagement, weil es darauf hinweist, in welcher Richtung der Einzelne seine Persönlichkeit weiterentwickeln kann, indem er schwächer ausgeprägte Tendenzen stärkt. Wer beispielsweise dazu neigt, sich und vor allem anderen durch selbst auferlegte Vorsätze und Regeln das Leben schwer zu machen (Dauer), dem könnte ein wenig mehr Laisser-faire der ausgeprägten Wechselstrebung gut tun. Verständigung mit Menschen, die eher dem Gegenpol des Wechsels zugeordnet werden können, hätte dann mehr Aussicht auf Erfolg. Und wer sich aufgrund eines extremen Harmoniebedürfnisses nicht abzugrenzen vermag (Nähe), für den kann es vorteilhaft sein, von der Distanzstrebung zu lernen, auch einmal »Nein!« zu sagen und Verständigung nicht um jeden Preis erringen zu wollen.

An diesem Punkt der Selbstentwicklung lässt sich wiederum der Umgang mit dem VerständigungsWürfel anknüpfen. Als Selbstcoaching-Instrument vermag er seinen Anwender auf die verschiedenen Wahlmöglichkeiten hinzuweisen, die ihm in Kommunikation und Verhalten zur Verfügung stehen. Mit Verhaltenstendenzen der vier Strebungen gehen bestimmte Kommunikationsmerkmale einher – Redensarten und Sprüche sowie Eigenheiten im Sprachstil. Diese können bei entgegengesetzter Strebung zumindest irritieren. So ist bei Menschen mit ausgeprägter Dauerstrebung eine Tendenz zu normativem Sprechen erkennbar – »du musst«, »du sollst«, »das geht nicht«. Ausgeprägten Wechseltypen, aber auch Menschen mit Distanztendenzen erscheinen solche Sätze besonders unangenehm. Menschen mit Nähetendenzen, die Konflikten des lieben Friedens willens eher ausweichen, betonen das »wir«, sagen häufig »ja« – und zwar auch dann, wenn sie »nein« meinen. Menschen mit deutlichen Distanzanteilen neigen zu einer eher nüchternen Ausdrucksweise, die sich an Daten, Zahlen, Fakten hält, und verhalten sich häufig eher zurückhaltend in der Kommunikation. Bei wem Wechseltendenzen überwiegen, der spricht hingegen viel und gerne, oft blumig und theatralisch, auch über persönliches Erleben und Fühlen.

Kurzum: Den vier Polen des Riemann-Thomann-Modells lassen sich die vier farbigen Seiten des VerständigungsWürfels zuordnen. Die Dauerstrebung mit ihrer Tendenz zum normativen Sprechen lässt sich der Appellseite des VerständigungsWürfels zuweisen (rot), die Wechselstrebung der Seite der Selbstmitteilung (grün), die

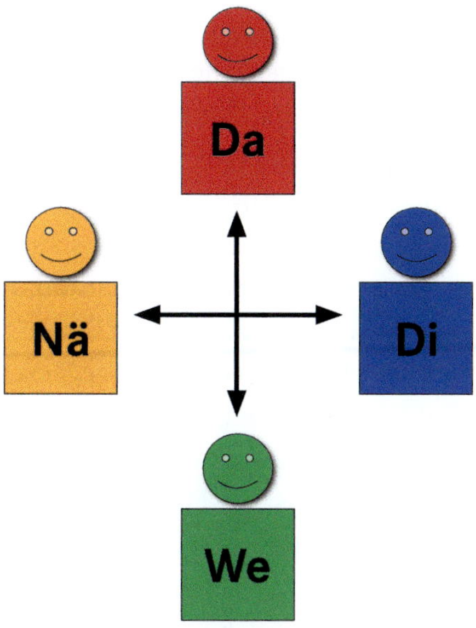

Abbildung 21: Zuordnung der vier Farben des VerständigungWürfels zu den vier Polen des Riemann-Thomann-Kreuzes

2.6

Nähestrebung der Beziehungsseite des VerständigungsWürfels (gelb) und die Distanzstrebung der sachlichen Seite (blau).

Übungen zum Seminartransfer

Der Einsatz des VerständigungsWürfels in Kombination mit dem Riemann-Thomann-Modell empfiehlt sich, wenn die Grundlagen und Basisanwendungen des VerständigungsWürfels den Teilnehmern bereits bekannt sind. Diese Themen sind folglich für ein Aufbau- und Fortsetzungsseminar oder für den zweiten Tag eines Trainings geeignet. Es ist zeitlich relativ aufwändig in der Durchführung, was bei der Seminarplanung zu berücksichtigen ist. Zweifellos ist es vorteilhaft, als Trainer bereits Erfahrungen mit dem Riemann-Thomann-Modell gesammelt zu haben.

Meine Seminarpraxis hat gezeigt, dass die überzeugende Vermittlung des Riemann-Thomann-Modells einigen Erklärungsaufwand erfordert. Viele Teilnehmer sind angesichts der Einfachheit des Modells zunächst skeptisch. »Machen wir's uns nicht zu einfach, wenn wir die ganze Menschheit in vier Persönlichkeitstypen einteilen?« Das ist ein bisweilen vorgebrachter Einwand. Es ist daher besonders wichtig zu betonen, dass das Riemann-Thomann-Modell kein Diagnosemodell ist, auch wenn die Seminarübungen, die dazu dienen, das Modell erlebbar und verstehbar zu machen, zunächst genau diesen Eindruck erwecken. Vielmehr ist hervorzuheben, dass sehr wohl jedem Menschen alle Strebungen innewohnen und auch zum Ausdruck kommen wollen.

Da dies allerdings in unterschiedlichem Ausmaß der Fall ist, werden manche Menschen eher als Distanz- und andere eher als Nähetypen wahrgenommen, manche eher als Dauer- und wieder andere eher als Wechseltypen. Mischformen oder sich gegenseitig ausgleichende Tendenzen können häufig vorkommen – zumal die Tendenz der einzelnen Strebungen, sich zu zeigen, auch stark rollen- und umfeldabhängig ist. So kann ein Mensch beispielsweise seine Dauerstrebung in einem Beruf in der Versicherungsbranche und seine Wechselstrebung durch eine künstlerische Betätigung in seiner Freizeit leben. Schließlich strebt der Mensch danach, sein Heimatgebiet auszudehnen: alle Strebungen in sein Leben zu integrieren und auszugleichen, weil sie ihm ein ganzheitliches und in jeder Situation angemessenes Verhalten erlauben.

Wie ticke ich?

Lernziel:

- Verstehen des Riemann-Thomann-Modells durch praktische Demonstration,
- Bestimmung des eigenen Heimatgebietes im Riemann-Thomann-Kreuz.

Durchführung: Kleben Sie mit einem Kreppband ein Kreuz auf den Fußboden, das dem Riemann-Thomann-Modell entspricht – die Länge der beiden Kreppstreifen sollte jeweils circa drei bis vier Meter betragen, je nach Raumgröße und Teilnehmerzahl. Es sollte an den vier Enden der Streifen noch genügend Platz sein, damit sich die Teilnehmer an den jeweiligen Polen des Kreuzes aufstellen können.

Definieren Sie für sich die Anordnung der Pole – zunächst ohne diese Zuordnung den Teilnehmern zu verraten. Die Übung wird in zwei Teilabschnitten durchgeführt.

1. Aufstellung im Riemann-Thomann-Kreuz;
2. schriftliche Beantwortung des Fragebogens in Einzelarbeit und Übertragen der Antworten ins Riemann-Thomann-Kreuz: Pro Frage wird nur ein Punkt oder Kreuz eingezeichnet, das nicht auf den Achsen liegen muss, sondern auch dazwischen liegen kann.

Aufgabenstellung für Teilabschnitt 1 der Übung: »Ich stelle Ihnen jetzt gleich vier bis fünf Fragen. Je nachdem, wie die individuelle Antwort ausfällt, platzieren Sie sich an unterschiedlichen Stellen im Raum – an den vier Polen oder irgendwo dazwischen. Ist Ihre Antwort a), dann stellen Sie sich hierhin, ist Ihre Antwort b), dann stellen Sie sich genau an den gegenüberliegenden Pol des Kreuzes. Ist Ihre Antwort c), dann gehen Sie zu diesem Pol, ist es d), dann gehen Sie dorthin. Liegen Sie mit Ihrer Antwort irgendwo dazwischen, dann platzieren Sie sich entsprechend zwischen den Polen.«

Reflexionsfragen im Plenum für Teilabschnitt 1: Nach Frage 4 können Sie mit folgenden Reflexionsfragen zur theoretischen Erörterung des Riemann-Thomann-Modells überleiten:

- Was beobachten Sie?
- Was können Sie über die vier verschiedenen Pole bisher sagen?

Fragebogen zu den vier Grundstrebungen des Menschen

1. Wie erlebe ich mich im Umgang mit meinen Teamkollegen?
   - a eher kontrolliert
   - b eher spontan
   - c eher herzlich
   - d eher distanziert

2. Was macht mir am meisten Spaß?
   - a planerische und organisatorische Tätigkeiten
   - b kreative Arbeit
   - c Teamarbeit bzw. Arbeit vor Ort beim Kunden
   - d Einzelarbeit

3. Wie entspanne ich mich nach einem anstrengenden Arbeitstag?
   - a Ich mache etwas, das ich sowieso regelmäßig mache – zum Beispiel Musik – oder ich gehe ins Fitnessstudio.
   - b Ich entscheide spontan nach Lust und Laune.
   - c Ich genieße die Gesellschaft von Freunden oder Familie.
   - d Ich mache die Tür hinter mir zu und genieße meine Ruhe.

4. Was ist das wichtigste Merkmal einer guten Beziehung mit meinen Teamkollegen?
   - a Zuverlässigkeit
   - b spontane Erreichbarkeit
   - c menschliche Wärme
   - d höfliche Distanz

5. Wie sieht mein Schreibtisch aus?
   - a ordentlich und aufgeräumt
   - b chaotisch mit Bergen von Unterlagen
   - c ein paar persönliche Dinge und das Foto meines/r Liebsten müssen immer dabei sein
   - d es steht kaum was drauf, schon gar nichts »Verräterisches« – eher klar und spartanisch

6. Wofür gebe ich mein Geld am liebsten aus?
   - [a] für Nützliches und Praktisches für den Haushalt
   - [b] für mich selbst – ich gönne mir schon gelegentlich etwas Schönes, das ich nicht brauche
   - [c] für meine Familie und Freunde
   - [d] ich spare es am liebsten – man weiß ja nie …

7. Wie reise ich?
   - [a] gerne immer wieder in dasselbe Land oder an den gleichen Urlaubsort
   - [b] ich brauche Abwechslung – mal Berge, mal Meer, mal Stadturlaub
   - [c] auf jeden Fall immer mit Partner/-in, Familie oder Freunden
   - [d] gerne auch allein

8. Wie verhalte ich mich in wichtigen Gesprächen?
   - [a] Ich bin sehr gut vorbereitet und trage mein Anliegen strukturiert vor.
   - [b] Ich notiere mir nur ganz Wichtiges und reagiere dann auf die Situation.
   - [c] Ich trete meinem Gesprächspartner aufgeschlossen und wohlwollend gegenüber und versuche stets für eine gute Gesprächsatmosphäre zu sorgen.
   - [d] Ich verhalte mich im Gespräch eher zurückhaltend, höre dem anderen zu und notiere mir Fakten.

9. Wie verhalte ich mich im Konflikt?
   - [a] Ich verteidige meine Haltung eisern.
   - [b] Ich lasse mir immer wieder neue Argumente einfallen und manchmal flunkere ich auch ein bisschen, um besser dazustehen.
   - [c] Ich hab's gerne harmonisch und tue alles, um Konflikte zu vermeiden – manchmal bis zur Selbstverleugnung.
   - [d] Ich reagiere kühl, manchmal schnippisch und ziehe mich zurück.

10. Welches Sprichwort beschreibt meine Lebenseinstellung am treffendsten?
    - [a] Wer A sagt, muss auch B sagen.
    - [b] Frisch gewagt ist halb gewonnen.
    - [c] Einer für alle, alle für einen.
    - [d] Selbst ist der Mann. – Selbst ist die Frau.

Aufgabenstellung für Teilabschnitt 2 der Übung – nach der theoretischen Erörterung des Riemann-Thomann-Modells:

1. Bitte zeichnen Sie auf ein leeres Blatt Papier ein Riemann-Thomann Kreuz.
2. Beantworten Sie für sich den nachfolgenden Fragebogen und übertragen Sie Ihre Antworten mit Punkten oder Kreuzen in das Riemann-Thomann-Modell. Mit anderen Worten: Was Sie eben durch praktische Anordnung im Raum gemacht haben, machen Sie jetzt schriftlich. Jeder für sich.
3. Wenn Sie fertig sind, dann verbinden Sie bitte die einzelnen Punkte oder Kreuze so miteinander, dass ein Feld entsteht. Dieses Feld stellt dann Ihr ungefähres »Heimatgebiet« dar, Ihre Komfortzone, in der Sie sich zuhause fühlen und in der die meisten Ihrer Verhaltensweisen verankert sind. Bitte achten Sie darauf, dass Ihre Nachbarn Ihr Heimatgebiet nicht sehen können.

Reflexionsfragen für Teil 2:

- Stimmt das ermittelte Heimatgebiet mit Ihrer eigenen Selbsteinschätzung überein? Bitte antworten Sie, ohne zu verraten, wie Ihr Heimatgebiet aussieht.
- Bei wem gibt es Überraschungen und Abweichungen?

Dauer der Einheit inklusive Aufstellung, Ausfüllen des Fragebogens und Theorie: ca. 50–60 Minuten

Material:

- Kreppband,
- pro Teilnehmer ein Fragebogen,
- Flipchart und ggf. Beamer zur Präsentation und zur Erörterung des Riemann-Thomann-Modells.

Hinweis – Praxiserfahrung: Bei der Aufstellung im Riemann-Thomann-Kreuz sollten Sie die möglichen Antworten sowie deren Zuordnung zu den einzelnen Polen mehrfach wiederholen, damit die Teilnehmer sich diese besser einprägen und sich selbst leichter einordnen können.

Weisen Sie die Teilnehmer ausdrücklich darauf hin, dass das Heimatgebiet die unterschiedlichsten Formen annehmen kann. Es ist nicht auf ein-

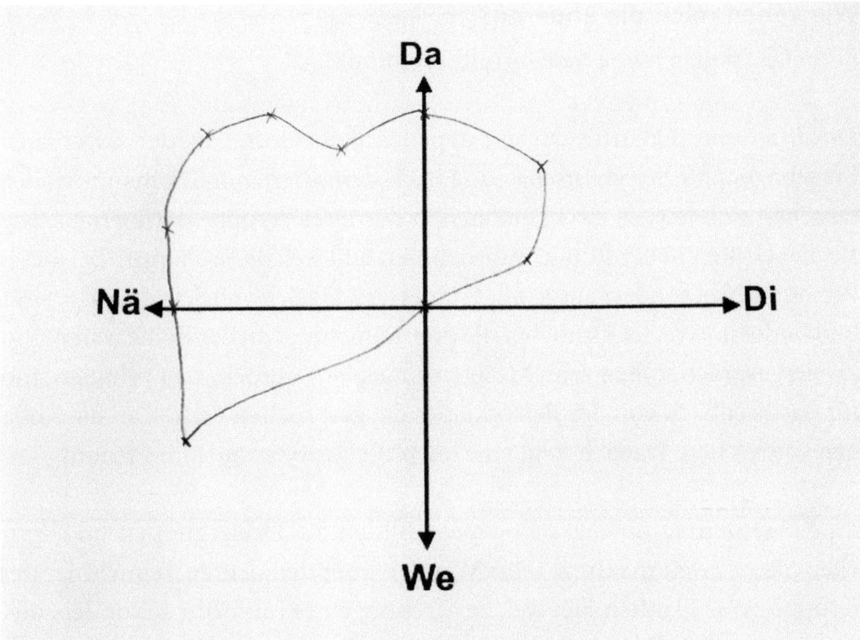

Abbildung 22: Heimatgebiet eines Menschen mit ausgeprägten Nähe-Dauer-Tendenzen

zelne Quadranten begrenzt, vielmehr sind Überlappungen mit den Nachbarquadranten in unterschiedlicher Ausdehnung möglich.

Die theoretische Erörterung des Riemann-Thomann-Modells wird anschaulicher, wenn Sie es mit Beispielen aus der eigenen Lebens- und Berufspraxis verknüpfen. Es können auch Beispiele gebracht werden von Personen, die in unterschiedlichen Rollen unterschiedliche Strebungen bedienen – etwa Beispiele von Menschen, die im Erwerbsberuf, den sie in Form einer Angestelltentätigkeit zu 50 Prozent ausüben, eher ihren Dauerstrebungen nachkommen können (z. B. bei Angestellten in Banken und Versicherungen), während sie im Zweitberuf eher künstlerische Neigungen und somit Wechselanteile leben.

Machen Sie sich vor dem Seminar Gedanken darüber, welche Beispiele Sie an dieser Stelle von sich, von Bekannten oder auch von Personen des öffentlichen Lebens anführen könnten.

Wie sehen mich die anderen?

Lernziel: Abgleich von Selbst- und Fremdbild

Durchführung: Bilden Sie Dreiergruppen. Auf der Grundlage der ausgefüllten Fragebögen zur Selbsteinschätzung nach dem Riemann-Thomann-Modell tauschen sich jeweils zwei Personen in der Dreiergruppe darüber aus, wie sie den Dritten in der Runde wahrnehmen und welche Strebungen bei dieser Person wohl besonders ausgeprägt sind. Der Abgleich von Selbst- und Fremdbild findet im Wechsel statt, bis alle drei Teilnehmer an der Reihe waren. Pro Zweiergespräch sollten zehn Minuten eingeplant werden, fünf Minuten sind für das Feedback von der Person, über die gesprochen wurde, an die Kollegen vorgesehen. Danach folgt eine kurze Reflexionsrunde im Plenum.

Aufgabenstellung für die Teilnehmer: Bilden Sie Dreierguppen und sprechen Sie zu zweit maximal zehn Minuten über den dritten Teilnehmer der Gruppe. Was glauben Sie, welche Strebungen bei ihm/ihr besonders ausgeprägt sind? Achten Sie darauf, respektvoll und ressourcenorientiert zu sprechen. Der Dritte hört, wie sich die beiden anderen über ihn austauschen. Anschließend gibt er den beiden Kollegen ein Feedback und teilt ihnen mit, wo Selbst- und Fremdbild übereinstimmen und wo es Unterschiede gibt. Für dieses kurze Feedback haben Sie fünf Minuten Zeit. Die Gesamtzeit der Übung beträgt also 45 Minuten.

Reflexionsfragen im Plenum zum Heimatgebiet, dessen Bestimmung und Übereinstimmung mit dem Fremdbild:

- Wer kann in seinem Heimatgebiet extrem gegensätzliche Eigenschaften beobachten? Wie erklären Sie sich das?
- Wenn Sie auf Ihr bisheriges Leben zurückschauen – gibt es Lebensbereiche, in denen sich Ihr Heimatgebiet verändert oder ausgedehnt hat?
- Wo würden Sie bestimmte Berufsgruppen und Unternehmen im Riemann-Thomann-Kreuz verorten (Pflegeberufe, Piloten, Schriftsteller usw.)
- Welchen »Typus« würden Sie sich gerne als Vorbild nehmen?

Dauer der Gruppenarbeit: 45 Minuten
Dauer der Besprechung im Plenum: ca. 20–30 Minuten

Material: Die Teilnehmer arbeiten mit den von ihnen ausgefüllten Fragebögen bzw. mit dem Riemann-Thomann-Kreuz, in dem sie ihr individuelles Heimatgebiet eingezeichnet haben.

Hinweis – Praxiserfahrung: Ich habe mit der beschriebenen Einführung des Riemann-Thomann-Modells und den Übungen dazu sehr gute Erfahrungen gemacht. Die Teilnehmer lernen, damit Konfliktpotenziale zu erkennen, und erleben dies für die eigene Selbsteinschätzung und das persönliche Verhaltensmanagement als sehr hilfreich.

Reden, wie der Schnabel gewachsen ist

Lernziel:

- Ableiten unterschiedlicher Redestile aus den vier Grundstrebungen nach dem Riemann-Thomann-Modell,
- Bestimmen und Begründen der Merkmale der vier Redestile.

Durchführung: Kleingruppen mit drei bis vier Teilnehmern. In den Kleingruppen besprechen die Teilnehmer, welchen Seiten des Verständigungs-Würfels die vier Grundstrebungen zuzuordnen sind und welche Merkmale sie aus dieser Zuordnung für die unterschiedlichen Sprechweisen ableiten. Die Aufgabenstellung erfolgt in zwei Teilen – mit einer Besprechung im Plenum nach jedem Teil. Die Ergebnisse von Teil 2 werden am Flipchart oder an der Pinnwand präsentiert.

Aufgabenstellung Teil 1: Nach allem, was Sie bisher über das Riemann-Thomann-Modell und über den VerständigungsWürfel wissen: Welchen Seiten des VerständigungsWürfels lassen sich die vier Grundstrebungen zuordnen? Besprechen Sie das bitte in Ihrer Kleingruppe.

Aufgabenstellung Teil 2: Bestimmen und begründen Sie die unterschiedlichen Sprechweisen, die sich aus der Verknüpfung der beiden Modelle ergeben. Notieren Sie Beispiele für Redensarten, Floskeln, Begriffe, Sprüche usw., an denen sich die vier Grundstrebungen beispielsweise bei Meinungsunterschieden, Konflikten und anderen Situationen in Alltag und Beruf erkennen lassen. Was würde ein Mensch mit Tendenz zu Dauer und Beständigkeit am ehesten sagen, oder woran erkennen Sie appellorientiertes Sprechen? Wie würde ein Mensch mit ausgeprägter Wechselstrebung oder Selbstkundgabetendenz sprechen? Und welches sind sprachliche Merkmale für die Nähe- und Distanzstrebung? Verwenden Sie für Ihre Beispiele Moderationskarten in den entsprechenden Farben Rot, Grün, Gelb oder Blau.

Reflexionsfragen im Plenum:
- Welche der genannten Kommunikationstendenzen können Sie bei sich selbst erkennen?
- Mit welchen Kommunikationstypen und Verhaltensweisen erleben Sie es als besondere Herausforderung, sich zu verständigen?

Dauer der Gruppenübung für Aufgabenstellung 1: ca. 5–10 Minuten
Dauer der Gruppenübung für Aufgabenstellung 2: ca. 15–20 Minuten
Dauer der anschließenden Präsentation und Besprechung im Plenum: ca. 20 Minuten

Material:
- pro Kleingruppe mindestens ein VerständigungsWürfel – im Idealfall ein VerständigungsWürfel pro Teilnehmer;
- Moderationskarten in den Farben Gelb, Grün, Blau und Rot;
- schwarze Moderationsmarker.

Hinweis – Praxiserfahrung: Gelegentlich führen die Teilnehmer in dieser Übung Bespiele an, die sich nicht eindeutig zuordnen lassen. Denn natürlich gibt es Zwischenformen. Dazu zählt beispielsweise der Satz: »Das muss ich noch prüfen.« Er ist am ehesten Ausdruck einer Dauer-Distanzstrebung. Notieren ihn Teilnehmer auf einer blauen Karte, kann diese Karte zusätzlich rot markiert werden (und umgekehrt) und zwischen die beiden Pole Dauer und Distanz auf dem Flipchart befestigt werden.
Insgesamt ist diese Übung für die Teilnehmer relativ leicht zu lösen. Da es ihnen außerdem meist Freude macht, in dieser Form das Riemann-Thomann-Modell mit dem VerständigungsWürfel zu verknüpfen, stellt sich hier überdurchschnittlich häufig ein Erfolgserlebnis im Seminar ein.

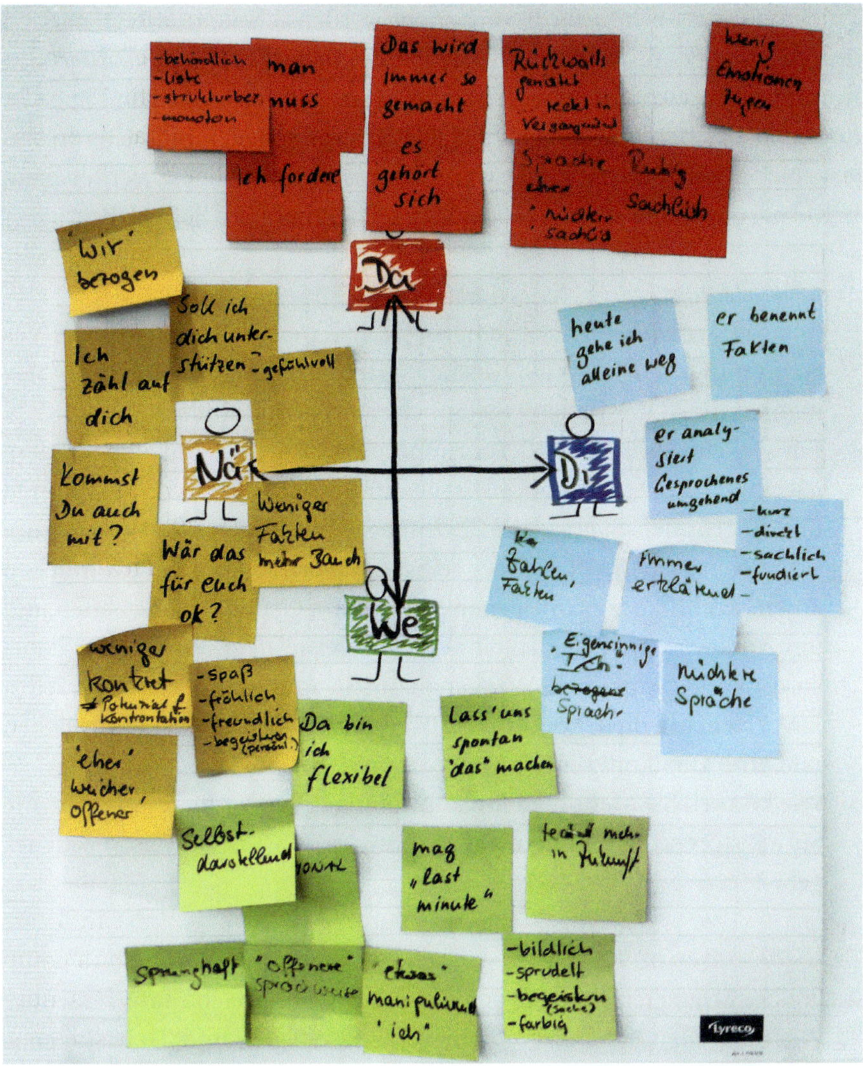

Abbildung 23: Seminardokumentation – Bestimmung der Sprechweisen, die den vier Grundstrebungen zugeordnet werden können

2.6

Ausgerechnet der!

Lernziel: Entwicklung von Strategien und Bestimmung von Techniken zum Umgang mit herausfordernden Kommunikationstypen

Durchführung: Zunächst werden abgeleitet von der vorherigen Übung im Plenum Verhaltensweisen in der Kommunikation beschrieben, die von den

Teilnehmern als Herausforderung erlebt werden – beispielsweise: Vielredner, Rechthaber, Ausweichler. Die Hauptmerkmale dieser herausfordernden Kommunikationspartner werden stichwortartig jeweils auf einen Flipchart-Bogen notiert. Bei einer Teilnehmerzahl von zwölf sollten mindestens drei bis vier solcher Beispiele auf Flipcharts gesammelt werden. Diese werden dann in Kleingruppen mit zwei, drei oder vier Teilnehmern pro Beispiel bearbeitet.

Aufgabenstellung für die Teilnehmer:

1. Entscheiden Sie in Ihrer Kleingruppe, welcher der vier Seiten des VerständigungsWürfels bzw. welcher Grundstrebung im Riemann-Thomann-Modell der Redetypus (am ehesten) zuzuordnen ist.
2. Entwickeln Sie in der Kleingruppe eine Strategie, mit der Sie dem jeweiligen Kommunikationstypus am besten begegnen. Bestimmen und begründen Sie, welche Technik Sie anwenden wollen, um zum Beispiel bei einem Vielredner selbst zu Wort zu kommen, um neben einem Rechthaber dem eigenen Standpunkt Gehör zu verschaffen und um zu bewirken, dass sich ein Ausweichler festlegt. Werden Sie dabei so konkret wie möglich: Was genau tun Sie und wie sprechen Sie selbst am besten, um diese kommunikativen Verhaltensweisen auszugleichen und eine Verständigung möglich zu machen?
3. Wie können Sie Menschen mit kommunikativen Verhaltensweisen, die Sie als störend empfinden, auf angemessene Art und Weise Feedback geben?

Reflexionsfragen im Plenum:

- Welche Strategien beruhen auf Überlegung und welche auf Erfahrung?
- Wie beurteilen Sie die vorgeschlagenen Strategien und Techniken aus den anderen Kleingruppen?
- Wofür würden Sie sich im praktischen Leben am ehesten entscheiden? Was wollen Sie ausprobieren?

Ergänzung Rollenspiel: Je nach Spielfreudigkeit der Gruppe kann die Übung an dieser Stelle durch ein kleines Rollenspiel ergänzt werden. Zwei Kollegen unterhalten sich beim Mittagessen in der Kantine miteinander. Einer der beiden weist eine der in den Kleingruppen bearbeiteten kommunikativen Verhaltensweisen auf.

Aufgabenstellung für die Teilnehmer: Sie sitzen beim Mittagessen in der Kantine. Einer Ihrer Kollegen setzt sich zu Ihnen. Ach du Schreck, denken Sie, ausgerechnet der ... Der Kollege weist eine der in den Kleingruppen bearbeiteten Verhaltensweisen auf, die Sie im Hinblick auf eine Verständigung als besondere Herausforderung empfinden. Je nach Kommunikationstypus beginnt einer von Ihnen beiden ein Gespräch zu einem Thema nach Wahl. Versuchen Sie, die zuvor ermittelten Strategien und Techniken anzuwenden.

Dauer der Kleingruppenarbeit: ca. 20–30 Minuten
Dauer der Besprechung im Plenum: ca. 20–30 Minuten
Gesamtdauer: ca. 40–60 Minuten. Bei zusätzlichem Rollenspiel und Training der Simulation von ein bis zwei Beispielfällen sollten 45 Minuten extra für Vorbereitung und Durchführung gerechnet werden.

Material:
- ein VerständigungsWürfel pro Kleingruppe – im Idealfall pro Teilnehmer ein VerständigungsWürfel,
- pro Beispiel ein Flipchart-Bogen,
- Flipchart-Marker.

Hinweis – Praxiserfahrung: Der Themenblock »Verständigung mit unterschiedlichen Kommunikationstypen« wird auch dann, wenn eingangs Einwände gegen die Einfachheit des Riemann-Thomann-Modells erhoben werden, als besonders gewinnbringend für die Selbstreflexion erlebt. Auch in der Zusammenarbeit mit Teams wird der Einsatz des Riemann-Thomann-Modells zusammen mit dem VerständigungsWürfel als nützlich angesehen, da sich aus der Verknüpfung eine ganze Reihe von Erkenntnissen über die interne Kommunikation, die Teamzusammensetzung sowie die Teamdynamik ergeben.

3 Inhaltliche Bausteine für ein zweitägiges Seminar

Zweitägige Seminare sind in meiner Praxis die am häufigsten gebuchte Weiterbildungsform. Daher stelle ich im Folgenden Bausteine für ein Seminar vor, das an zwei aufeinanderfolgenden Tagen durchgeführt werden kann.

Das Seminar passe ich in den einzelnen Übungsbeispielen an die Zielgruppe an. Je nach Anforderung des Auftraggebers und je nach Auftragsvolumen lässt sich die zweite Hälfte des zweiten Tages (Verständigung mit unterschiedlichen Kommunikationstypen) auch zu einem separaten Tages- oder sogar Zweitagesseminar ausbauen. In diesem Fall kann ich das Programm für die ersten anderthalb Tage durch die Module »Unangenehme Wahrheiten vermitteln« inklusive der Übung »Wie sag ich's meiner Belegschaft?« oder durch das Thema »Deeskalieren« inklusive der Übung »Erhitzte Gemüter besänftigen«. Letztere bietet sich dann an, wenn es dem Auftraggeber besonders auf die Konfliktprävention ankommt.

Die nachfolgenden Bausteine sind also kein starrer Seminarplan, sondern eine bewährte Variante, die durch weitere thematisch passende Methoden, Übungen oder Spiele aus dem eigenen Werkzeugkoffer ergänzt oder ersetzt werden kann. Je nach individuellem Trainingsstil und je nach Zielgruppe sind die einzelnen Module zeitlich flexibel gestaltbar. Schließlich gleicht kein Training dem anderen, auch wenn derselbe Seminarfahrplan zugrunde liegt. Wir Trainer gestalten in jedem Seminar gemeinsam mit unseren Teilnehmern einen einmaligen, unwiederholbaren Lernprozess.

3.1 Bausteine für Tag 1

- Einstiegsübung mit dem VerständigungsWürfel (vgl. → Teil B, Kapitel 2.1 - 10–20 Minuten)
- Begriffsdefinition: Verständigung versus Kommunikation (vgl. → Teil B, Kapitel 2.2 - ca. 30–35 Minuten)
- Vier Basisaspekte einer Aussage,
  Übung: Unser Team hat auch schon besser funktioniert
- (vgl. → Teil B, Kapitel 2.2 - ca. 45 Minuten)
- Erforschen des VerständigungsWürfels in Team oder Tandem (vgl. → Teil B, Kapitel 2.2 - ca. 30 Minuten)
- Erklären der Basisanwendung des VerständigungsWürfels Schritt für Schritt (vgl. → Teil A, Kap 3.1, 3.2, 3.3 bzw. Abbildungen 5–11, 17 - Schnelldurchlauf in ca. 20–30 Minuten)
- Positives Sprechen (vgl. → Teil A, Kapitel 3.3 - ca. 15 Minuten),
  Übung: Immer recht verbindlich
  (vgl. → Teil B, Kapitel 2.3 - ca. 45 Minuten)

Mittagspause

- Lernaktivierende Übung: Perspektivenwechsel (vgl. → Teil B, Kapitel 2.5 - 10–15 Minuten)
- Ein Anliegen darlegen (vgl. → Teil A Kap 3.2 - ca. 10 Minuten),
  Übung: Was liegt an? (vgl. → Teil B, Kapitel 2.3 - 60 Minuten)
- Feedback und konstruktive Kritik
  (vgl. → Teil A, Kapitel 3.3 - 10 Minuten),
  Übung: In allen Situationen gut ankommen
  (vgl. → Teil B, Kapitel 2.3 - 45–50 Minuten)
- Aktives Zuhören (vgl. → Teil A, Kapitel 3.3 - ca. 15 Minuten),
  Übung: Eine ziemlich große Herausforderung oder »Was mir auf der Seele liegt« (vgl. → Teil B, Kapitel 2.3 - 45 Minuten)

3.2 Bausteine für Tag 2

- Metakommunikationsrunde (vgl. → Teil A, Kapitel 3.3, und
  → Teil B, Kapitel 2.4 - ca. 30–40 Minuten)
- Klären (Erklären und Durchführen einer Musterübung,
  vgl. → Teil A, Kapitel 3.3 - ca. 45 Minuten),
  Übung: Palmensätze parieren
  (vgl. → Teil B, Kapitel 2.3 - ca. 60–75 Minuten)
- Verständigung mit unterschiedlichen Kommunikationstypen
  (vgl. → Teil B, Kapitel 2.6, Übung: Wie ticke ich? - 50–60 Minuten)

MITTAGSPAUSE

- Übung: Wie sehen mich die anderen?
  (vgl. → Teil B, Kapitel 2.6 - 65–75 Minuten)
- Übung: Reden, wie der Schnabel gewachsen ist
  (vgl. → Teil B, Kapitel 2.6 - ca. 50 Minuten)
- Übung: Ausgerechnet der!
  (vgl. → Teil B, Kapitel 2.6 - 40–60 Minuten)
- Abschlussübung - Prozessoptimierung
  (vgl. → Kapitel 2.5 - 10 Minuten)
- Schlussrunde mit VerständigungsWürfel (ca. 15 Minuten)

4 Entscheidungen treffen im Coaching und Selbstcoaching

Der VerständigungsWürfel ist auch dann ein wertvoller Begleiter, wenn es darum geht, Entscheidungen zu treffen – selbstständig oder mit Unterstützung eines Coachs. Der VerständigungsWürfel führt Schritt für Schritt durch den Entscheidungsprozess, der im Folgenden am Beispiel der für Führungskräfte typischen Frage nach dem nächsten Karriereschritt nachvollziehbar gemacht werden soll: Ist dieser im bisherigen Unternehmen anzustreben oder wäre es besser, eine neue Stelle anzutreten, sich vielleicht sogar selbstständig zu machen?

Im Coaching kann der Coach seinem Coachee den VerständigungsWürfel in die Hand drücken, während er seine Fragen an den Coachee in der bewährten Reihenfolge stellt, die in Teil A dieses Buches Schritt für Schritt beschrieben ist. Dies empfiehlt sich vor allen Dingen dann, wenn der Coachee ein Interesse daran hat, den VerständigungsWürfel künftig auch als Selbstcoaching-Instrument zu nutzen (vgl. dazu → Teil A, Kapitel 3.1). Eine andere Variante besteht darin, dass der Coach den VerständigungsWürfel nur für sich selbst als Checkliste verwendet, während sich der Coachee voll und ganz auf die Beantwortung der Fragen konzentriert.

Die Unterstützung von Entscheidungsprozessen mit dem VerständigungsWürfel bietet sich zudem an, wenn andere Personen in die Entscheidung eingebunden sind: Arbeitgeber, Partner, Familie oder Freunde, mit denen in diesem Zusammenhang eine Verständigung herbeigeführt werden soll. Die Beziehung und die Haltung zu diesen Menschen kann – in weiteren Coachingsitzungen – mit Hilfe des VerständigungsWürfels im Einzelnen überprüft werden, bevor sich der Coachee jeweils in ein wohlvorbereitetes Gespräch begibt.

Für mich hat sich der VerständigungsWürfel dabei in erster Linie als praktisches Instrument zur Strukturierung des Entscheidungsprozesses erwiesen. Ob im Coaching oder Selbstcoaching – der Würfel hilft dabei, das (Selbst-)Gespräch zu gliedern und den Fragesteller durch einen profunden Selbstklärungsprozess zu begleiten. Wird das Coaching professionell angeleitet, können die Fragen des VerständigungsWürfels modifiziert und mit anderen Coachingfragen und Interventionen – kombiniert werden (zirkuläre Fragen, Skalierungsfragen usw., vgl. Kindl-Beilfuß, 2011, vgl. von Schlippe u. Schweitzer, 2010). Der VerständigungsWürfel ersetzt keinerlei Coachingaus- oder -weiterbildung – weder im systemischen Coaching noch im Coaching mit dem Inneren Team nach Schulz von Thun. Am wirkungsvollsten ist er sowohl im Coaching als auch im Selbstcoaching dann, wenn er nach eingehender Schulung wie im folgenden Beispiel beschrieben angewendet wird.

4.1 Die Wahrheit der Situation und das Ziel

Ausgangspunkt jedes Coachingprozesses mit dem VerständigungsWürfel ist die Frage nach der Wahrheit der Situation. Der Coach fragt den Coachee explizit: »Was ist jetzt Ihre Wahrheit der Situation?« Oder: »Was führt Sie zu mir? Was ist Ihr Thema?« Wenn mit diesen Fragen die Ausgangslage geklärt ist, definiert der Coachee mit Hilfe des Coachs sein Ziel. »Nur wer sein Ziel kennt, findet den Weg« (Laotse). Mit seiner Antwort steckt der Coachee den Rahmen für das Coaching ab – zum Beispiel: »Ich möchte mir darüber klar werden, welcher nächste Karriereschritt jetzt ansteht: ob ich im Unternehmen bleiben oder gehen soll; ob ich mir eine neue Stelle suchen oder mich gar selbstständig machen soll.«

Aufgabe des Coachs ist es, den Coachee bei der Klärung eines inneren Konflikts und einer *Verständigung mit sich selbst* zu begleiten; ihm dabei zu helfen, seine Wahrheit der Situation so zu erhellen, dass er sein Karriereziel klar erkennen, konkret benennen und zu einer späteren Entscheidung ohne Wenn und Aber stehen kann. Um zu überprüfen, ob sich dieses Coachingverständnis mit den Vorstellungen und Zielsetzungen des Coachees deckt, sollten Sie vor allem zu Beginn des Coachings auf jeder der vier farbigen Außenseiten des VerständigungsWürfels nachhaken:

- Was führt Sie ausgerechnet zu mir? Was ist in Bezug auf unsere Beziehung für mich wichtig zu wissen? (gelb: Was will er über mich und unsere Beziehung sagen?)
- Was wollen Sie mir über sich persönlich sagen – über Ihre Familie, Ihren Beruf? (grün: Was will er von sich mitteilen?)
- Was ist zur Sache von Interesse für den Coachingprozess? Was ist Ihre Funktion und was sind Ihre Aufgaben? (blau: Was will er zur Sache sagen?)
- Was erwarten Sie von mir als Coach? (rot: Was will er von mir?)

Abhängig davon, wie eng sich der Coach an die Fragen auf dem VerständigungsWürfel halten will, kann er noch eine systemische Frage einschieben, zum Beispiel: »Woran würden Sie merken, dass Sie nach der heutigen Sitzung in dieser Frage klarer sehen als vorher?« Die Antwort dient dem Coach zur Orientierung im Prozess: Sie lässt erkennen, wie weit das Ziel noch entfernt und ob es am Ende erreicht worden ist. Freilich ist es auch möglich, unmittelbar im Anschluss an die Frage nach der Wahrheit der Situation zur Motivationsfrage überzuleiten.

4.2 Motivation und Selbstklärung

Die Motivationsfrage auf der Basisinnenseite des Würfels »Was ist jetzt meine Motivation für eine Verständigung?« wird im Zusammenhang eines auf Klärung angelegten Coachingprozesses variiert: »Was motiviert Sie dazu, in dieser Sache gerade jetzt eine Klärung herbeizuführen? Warum ist dieses Thema jetzt für Sie wichtig?« Meist folgt eine Antwort, die sehr gut mit einer Überleitung zur Selbstklärung zu verknüpfen ist: »Ich arbeite jetzt schon seit gut dreieinhalb Jahren in diesem Unternehmen. Ich denke, ich weiß schon ziemlich gut Bescheid, wie der Laden so läuft. Manchmal langweilen mich meine Aufgaben sogar schon. Aber ich weiß weder, ob das der richtige Zeitpunkt ist, noch was ich eigentlich will. Deshalb muss ich unbedingt mit mir selbst ins Reine kommen, um eine Entscheidung zu treffen, zu der ich stehen kann.«

Zwar fassen Coachees ihren Wunsch nach Selbstklärung selten so deutlich in Worte. Als Coach können Sie jedoch gerade diesen Prozess der sprachlichen Umsetzung dessen fördern, was im Inneren des Coachees vor sich geht: »Wenn Sie an Ihren nächsten Karriereschritt denken, welche Stimmen melden sich in Ihnen zu dieser Sache?« (angelehnt an die grüne Innenseite des VerständigungsWürfels). Es geht in dieser Phase besonders darum, den Coachee durch aktives Zuhören in die Lage zu versetzen, sein vielstimmiges inneres Orchester – bestehend aus Argumenten, Bedenken, Ängsten, Befürchtungen, Hemmnissen, Ambitionen und Wünschen zu diesem Thema – zu erkennen, zu sortieren und den einzelnen Orchestermitgliedern eine Stimme zu verleihen.

Der Coach hört genau hin: Welche Stimmen sind besonders häufig und laut zu vernehmen und welche überhört der Coachee eher, weil sie von anderen Stimmen übertönt werden? Welche Stimmen spielen in diesem Inneren Team die erste Geige und welche müssen erst noch aus der Reserve gelockt werden und brauchen ein wenig Verständnis und Fürsorge (vgl. Schulz von Thun, 2008c)? Zugleich gibt der Coach dem Coachee Rückmeldung darüber: »Höre ich da einen Zweifler an Ihren eigenen Kompetenzen heraus? Was sagt denn dieser Zweifler genau?« Der Coachee erhält in dieser Phase der Selbstklärung Raum und Zeit, alle Gedanken und Gefühle zum Thema in all ihren Widersprüchlichkeiten zu identifizieren und zu artikulieren. Je genauer Sie bereits in dieser Phase das Gesagte hinterfragen und je besser Sie den Coachee verstehen, desto präziser werden seine Antworten ausfallen.

Kernaussagen werden mit Stichworten – oder besser noch mit kompletten Zitaten – auf (grünen) Moderationskarten festgehalten und auf dem Tisch oder auf dem Boden ausgelegt. Ergänzend kann auch am Flipchart eine Skizze mit den inneren Teammitgliedern angefertigt werden. So lässt sich die Dynamik der Teammitglieder untereinander schön darstellen.

Beispiele:

Der Ambitionierte: Ich wünsche mir eine neue Herausforderung in einem neuen Umfeld.

Der Unternehmer: An der Idee der Selbstständigkeit reizt mich die hundertprozentige Verantwortung für alles, was ich mache.

Der Ängstliche: Aber ich weiß nicht, ob ich jetzt wirklich den Mut zur Selbstständigkeit aufbringe.

Der Bequeme: Ich könnte es auch einfach mal etwas ruhiger angehen lassen.

Der Beziehungsmensch: Meine Frau wäre von einer neuen Stelle und einer Wochenendbeziehung oder einem Umzug, der damit einhergeht, wohl nicht begeistert.
Der Bodenständige: Ein Ortswechsel wäre so aufwändig und teuer.
Der Engagierte: Überstunden gehören vor allem am Anfang natürlich dazu.
Der Selbstverwirklicher: Ich will wissen, was noch alles in mir steckt.
Der Qualitätsbewusste: Ich will viel Geld verdienen, um uns einen hohen Lebensstandard sichern zu können.
Der Familienmensch: Ich würde gerne mehr Zeit mit meiner Frau und meinen Kindern verbringen.
Der Selbstzweifler: Das schaffst du nie!

Sie können diese Sätze selbst notieren oder sie vom Coachee aufschreiben lassen. Übernimmt der Coachee diese Aufgabe, verzögert dies den Prozess. Je aktiver er allerdings ist, desto eher wird der Coachee die Überzeugung gewinnen, seinen eigenen Klärungsprozess selbst zu gestalten und am Ende die Entscheidung, die er herbeigeführt hat, auch selbst verantworten können.

4.3 Klären von Vorstellungen zur Sache, von Beziehungen und Einsatz

Hat der Coachee unter Ihrer Anleitung ein umfassendes Antwortenrepertoire zusammengetragen und seinen inneren Ist-Zustand ermittelt, geht es im nächsten Schritt darum, Ordnung in das Team zu bringen und Übersicht über die innere Vielfalt zu gewinnen: Inhaltlich verwandte Aussagen sind zusammenzufassen und thematische Schwerpunkte zu bilden (vgl. dazu auch Schulz von Thun, 2008b). Dazu können die folgenden Fragen auf den Innenseiten des VerständigungsWürfels genutzt werden: Was bedeutet mir die Sache? Wie stehe ich zum anderen und zu unserer Beziehung? Was bin ich bereit zu geben? Die Fragen liefern – auf farblich entsprechenden Moderationskarten – die Überschriften, unter denen der Coachee einzelne innere Teammitglieder zu Subteams bündeln kann.

In gewisser Weise ist dieser Vorgang als innerer Dialog des Coachees mit sich selbst zu verstehen: Er antwortet auf die jeweilige Frage – zunächst –

mit der einem inneren Teammitglied entsprechenden Stimme. Karten, die sich als redundant erweisen, können mit der Kernaussage obenauf zusammen auf einen kleinen Stapel gelegt werden. Dem Coach wiederum kommt die Aufgabe zu, diesen Strukturierungsprozess durch flankierende Fragen zu steuern: Inwiefern gibt der Bodenständige eine Antwort auf die Frage, »Was bin ich bereit zu geben?« »Wohin gehört die Stimme des Selbstverwirklichers?« Zugleich lenkt er mit Hilfe der übergeordneten Fragen bzw. Überschriften den Klärungsprozess, den er Schritt für Schritt durch eine Reihe von ergänzenden Fragen zu den jeweiligen Themenclustern moderiert.

Beispiele:
Themencluster: Was bedeutet mir die Sache?
Hier sind unter anderem der Ambitionierte, der Unternehmer, der Selbstverwirklicher und der Qualitätsbewusste versammelt. Folgende Fragen könnten dem Coachee dazu gestellt werden: Was bedeutet Ihnen bzw. diesen inneren Teammitgliedern »Erfolg«? Wie wichtig ist Ihnen Karriere auf einer Skala von 0 bis 10? Was wollen diese Teammitglieder beruflich noch erreichen? Was haben Sie dank dieser inneren Teammitglieder beruflich bereits erreicht?

Themencluster: Wie stehe ich zum anderen und unserer Beziehung?
Wie steht der Beziehungs- und Familienmensch in Ihnen zu Ihren Karriereüberlegungen? Und was sagt Ihre Frau dazu? Mit welcher Unterstützung ist von ihr, anderen Familienmitgliedern und Freunden zu rechnen? Wie sind die Beziehungen an Ihrem derzeitigen Arbeitsplatz? Was läuft gut, was könnte besser sein? Wie können Sie diese Arbeitsbeziehungen günstig beeinflussen? Und welchen Einfluss haben diese Menschen auf Ihre Karriere?

Themencluster: Was bin ich bereit zu geben?
Was sagen der Engagierte, der Bodenständige und der Bequeme zu Ihren Karriereüberlegungen? Was bedeuten ihnen Erfolg und Karriere? Welchen finanziellen, zeitlichen und persönlichen Einsatz wollen diese Teammitglieder in den nächsten Karriereschritt einbringen? Was ist in Kauf zu nehmen? Was ist – außer dem bereits angesprochenen Ortswechsel – für sie nicht akzeptabel? Zu welchen Kompromissen sind die drei zugunsten des jeweils anderen bereit?

Indem der Coachee innerhalb seines Inneren Teams Teilgruppen bildet und er vom Coach dazu herausgefordert wird, sich über seine Einsatzbereitschaft, seine zwischenmenschlichen Beziehungen sowie seine beruflichen Erfahrungen und Vorstellungen klar zu werden, kann er erkennen, für welche Ziele sich einzelne Teammitglieder einsetzen wollen – oder welche Ziele eher boykottiert werden. Schritt für Schritt leiten Sie den Coachee auf diese Weise an, sich Ressourcen zu erschließen, seine Kompetenzen und Stärken zu erkennen, eigene Widersprüche und Einwände aufzudecken und zu hinterfragen sowie Allianzen zwischen Teammitgliedern zu schmieden. Dies ist die innere Voraussetzung dafür, dass sich infolge der Selbstklärung alle inneren Teammitglieder des Coachees auf dasselbe Karriereziel verständigen.

4.4 Innere Einigung

In diesem Zusammenhang kann der Coach seine Verständigungskompetenz einbringen. Wenn einzelne Teammitglieder – zum Beispiel der Bequeme und der Engagierte – mit den ihnen entgegengesetzten Positionen im Clinch liegen, ist eine Klärung zwischen den Kontrahenten angebracht. Das heißt, die Wahrheit der Situation dieser Teammitglieder wird aus der Perspektive beider beleuchtet und angehört. Was haben sie zum Karrierethema des Coachees zu sagen? Was sind sie bereit, dafür zu geben und vor allem aufzugeben? Erst kommt der eine zu Wort – der Coachee antwortet stellvertretend –, dann der andere. Der Coach hört dem Coachee aktiv zu und dieser wiederum hört seinen inneren Teammitgliedern zu. Der Coach dialogisiert – Was sagt der andere dazu? – um herauszufinden, wie weit die Positionen der beiden tatsächlich voneinander entfernt bzw. welche Überschneidungen vorhanden sind (vgl. dazu auch Schulz von Thun, 2008c, S. 144, und Thomann, 2008, S. 146 ff.).

Der Coach schenkt darüber hinaus den Zweiflern, Bedenkenträgern, Quertreibern und Blockierern im Inneren Team besondere Beachtung. Für sie kann ein separates Cluster angelegt werden, das mit Hilfe der Aussagen auf der Deckelinnenseite des VerständigungsWürfels bearbeitet wird. Dabei kommt den Aussagen »Die eigene Perspektive verändern« und »Das Positive im Negativen entdecken« eine tragende Bedeutung zu. In Anlehnung daran kann der Coach den Coachee fragen, welche hilfreiche Funktion diese Teammitglieder haben könnten. Welche Kontrollfunktionen könnten sie übernehmen oder welche Meilensteine auf dem Weg zum Ziel gestalten? In diesem Coachingabschnitt geht es also darum, dem Coachee zu einer neuen Perspektive auf seine inneren Teammitglieder zu verhelfen und vermeintliche Hindernisse und Stolpersteine auf neue Art und Weise zu deuten.

Indem der Coach ihn dabei unterstützt, Wünsche und Bedürfnisse mit Einwänden und Bedenken in Einklang zu bringen, trägt er dazu bei, dass der Coachee als Vorstufe zu einer inneren Einigung seine innere Vielfalt zu akzeptieren und zu integrieren lernt. Mit anderen Worten: Er führt den Coachee mit Hilfe des VerständigungsWürfels durch einen mehrstufigen Klärungs- und Lösungsprozess, an dessen Ende sich im Idealfall alle inneren Teammitglieder – unter bestimmten herauszuarbeitenden Bedingungen – auf ein Karriereziel verständigen. Der VerständigungsWürfel gibt mit der Struktur und den Fragen, die er anbietet, die Impulse für diese »Selbst-Verständigung«. Hat der Coachee einmal ein solch angeleitetes Entscheidungscoaching erlebt, kann er auch selbst im Rahmen eines Selbstcoachings klärend in eigener Sache aktiv werden (vgl. auch Dujmić-Erbe, 2012).

5 Konflikte ansprechen und lösen

Um es gleich vorwegzunehmen: Der VerständigungsWürfel kann eine professionelle Konfliktklärung nicht ersetzen. Doch bedauerlicherweise wird ein Konfliktlösungsprofi in den meisten Fällen erst eingeschaltet, wenn sich kein Ausweg mehr zeigt, wenn Gespräche im Vorfeld erfolglos beendet worden oder gar eskaliert sind. Bevor es so weit kommt, können Sie in einem frühen Stadium den VerständigungsWürfel einsetzen, um den beruflichen oder privaten Konflikt zu entschärfen. Insofern ist er ein praktisches Instrument zur Konfliktprophylaxe.

Auf einige Grundprinzipien von Konfliktklärungsprozessen möchte ich eingehen und damit die Nutzer des VerständigungsWürfels ausdrücklich dazu ermutigen, Konflikte beherzt anzusprechen. Oft tritt bereits dadurch eine Entspannung ein, dass die Dinge beim Namen genannt werden und wir uns Gehör beim anderen verschaffen, indem wir Unausgesprochenes endlich einmal aussprechen und unsere Position klarstellen. Mit der Klarheit des eigenen Standpunkts ist es allerdings nicht getan. Klarheit ist kein Wert an sich. Sie kann ungehobelt und verletzend vorgebracht werden, wenn wir im Konflikt wahllos allen inneren Teammitgliedern eine Plattform bieten und es an Empathie für den Gesprächspartner fehlen lassen. Der Anspruch an Stimmigkeit in der Kommunikation sollte möglichst auch im Konflikt gewahrt bleiben. Dabei kann der VerständigungsWürfel mit seinen Fragen zur Selbstklärung und Gesprächsvorbereitung wertvolle Dienste erweisen. Doch wie geht es weiter, nachdem wir uns unserer Wahrheit der Situation gestellt haben? Für das Konfliktklärungsgespräch bietet sich folgende Grundstruktur an (vgl. Thomann, 2008):

1. Was ist jetzt meine Wahrheit der Situation?,
2. Selbstklärung,

3. Dialog der Wahrheiten,
4. Metakommunikation und Verständigung auf Maßnahmen.

5.1 Voraussetzungen

Diese Herangehensweise empfiehlt sich für Zweierklärungen. Sie setzt voraus, dass mindestens einer der beiden Gesprächspartner (am besten beide!) mit den Basisanwendungen des VerständigungsWürfels vertraut ist, damit der Klärungs- und Verständigungsprozess auf Augenhöhe und ohne methodische Zwischenerklärungen stattfinden kann.

Vielleicht erstaunt es Sie, dass jemand, der den VerständigungsWürfel anzuwenden versteht, überhaupt in einen Konflikt geraten kann. Doch davor ist keiner gefeit. Wir alle – ganz gleich, wie viele Fertigkeiten der Kommunikation wir schon erworben haben und wie sicher wir uns auf diesem Feld fühlen – können wunde Punkte in uns tragen, die andere völlig unbeabsichtigt berühren und damit bei uns sehr unterschiedliche Reaktionen der Abwehr auslösen: Wut, Neid, Hass, Verachtung oder Trotz (vgl. Thomann, 2008, S. 175 ff.). Gerade wenn uns diese Emotionen ab und an in unserer Kommunikation bewusst werden, sind wir gut beraten, uns auszusprechen und damit eine Klärung herbeizuführen, die eine Grundlage für eine Verständigung sein kann.

Gerade wenn Sie bei Ihrem Gegenüber solche (latenten) Aggressionen wahrnehmen, ist für Sie die Zeit gekommen, ein offenes Gespräch zu suchen. Das setzt voraus, dass Sie nicht nur dem anderen Ihre Meinung sagen wollen, sondern dass Sie auch willens sind, sich seinen Standpunkt anzuhören und auf ihn einzugehen. Eine Klärung, die auf Verständigung zielt, setzt die Absicht voraus, sich selbst *und* den anderen verstehen zu wollen und den Dingen auf den Grund zu gehen. Besonders Führungskräfte sollten sich dessen bewusst sein und sich demzufolge auf kritisches Feedback von Mitarbeitern einstellen. Eine wertschätzende Unternehmenskultur und Konflikte schließen sich nicht aus. Mit der sich dann allmählich entwickelnden Verständigungskultur verschafft sich ein Unternehmen ein erfreulicheres Betriebsklima und damit eine deutlich gesteigerte Effizienz.

Sprechen Sie als Führungskraft Ihren Mitarbeiter darauf an, dass Sie mit ihm ein Gespräch über Ihre Zusammenarbeit, Ihre Kommunikation und über Ihre Konflikte wünschen – mit dem Ziel, das Arbeitsklima und die Effizienz zu steigern. Ihre Wahrheit der Situation können Sie zu diesem Zeitpunkt folgendermaßen formulieren (vgl. → Teil A, 3.3):

> Ich möchte, dass du weißt, wie sehr ich dich als Mitarbeiter schätze. Ich bin jedoch in letzter Zeit etwas irritiert über dein Verhalten. Du bist nun schon zum dritten Mal zu spät zur Arbeit gekommen, dein Bericht ist längst fällig, aber noch nicht abgeliefert. Es gibt noch andere Beispiele, auf die ich dich bereits bei anderer Gelegenheit angesprochen hatte. Doch geändert hat sich bisher nichts. Deshalb will ich in einem offenen und ehrlichen Gespräch mit dir klären, woran das liegt. Und was wir tun können, das zu ändern, damit unsere Zusammenarbeit wieder besser wird. Ich schlage dazu den kommenden Donnerstagnachmittag um 15 Uhr vor. Wie passt dir das?

Für ein – störungsfreies und vertrauliches – Klärungsgespräch sollte der Zeitrahmen großzügig bemessen und nicht durch Anschlusstermine begrenzt sein, die unnötigen Klärungsdruck entstehen lassen. Je länger der Konflikt schon währt, je verhärteter er ist und je mehr die Konfliktparteien emotional aneinander gebunden sind, desto länger dauert seine Klärung. Im beruflichen Kontext würde ich für eine von den Konfliktparteien oder der Führungskraft selbst durchgeführtes Konfliktgespräch bis zu einen ganzen Nachmittag veranschlagen. Für Konflikte mit dem (Ehe-) Partner ist es nicht verkehrt, sich ein Wochenende jenseits der Hektik und der Verpflichtungen des Alltags dafür zu reservieren – und dennoch ist damit zu rechnen, dass aufgrund der emotionalen Verstrickungen wohl kaum alles zu klären sein wird.

5.2 Gesprächseinstieg

Jedes Gespräch beginnt mit der Frage: Was ist jetzt meine Wahrheit der Situation? In der Einstiegsphase bedeutet dies, dass zunächst derjenige, der die Klärung vorgeschlagen hat – im obigen Beispiel der Vorgesetzte –, sein Anliegen nochmals darlegt, bevor die Gegenseite ihre Wahrheit der Situation schildert. Diese könnte aus der Sicht des demotivierten Mitarbeiters in der Zwischenzeit folgendermaßen lauten:

Ich weiß schon, dass es im Moment nicht so gut läuft. Aber ich habe hier auch die meiste Arbeit am Hals. Und außerdem habe ich noch daheim Land unter, seit meine Frau zur Kur ist. Ein Gespräch ist ja schön und gut. Aber als mein Vorgesetzter bist du immer in der besseren Position. Also ich wünsche mir von dir, dass du nicht nur Offenheit von mir einforderst, sondern auch selbst offen und aufrichtig bist – und dass meine Offenheit für mich keine unangenehmen Konsequenzen hat. Kannst du mir das zusagen?

Mit dem letzten Teil seiner Stellungnahme gibt der Mitarbeiter Auskunft zu den Fragen auf der inneren und äußeren Appellseite des Würfels: Was bin ich bereit zu geben? Was will ich vom anderen? Damit stellt er eine Bedingung an die Art des Gesprächs, er fordert Offenheit auf beiden Seiten als Spielregel ein. Dies ist legitim und vor allem menschlich nachvollziehbar. Wir können darauf eingehen, indem wir eine Art »Minikontrakt« abschließen (vgl. Thomann, 2008, S. 108 ff.): »Ja, ich will auch offen sein. Und wenn du den Eindruck hast, dass ich etwas verberge, dann mache mich darauf aufmerksam. Einverstanden?« Auf diese Weise können wir als Führungskraft gegebenenfalls noch weitere Spielregeln aufnehmen, zum Beispiel Zeitrahmen, Pausen, Ausschließen von Störungen jeder Art.

5.3 Selbstklärung – oder: Selbstbesinnung und Selbstoffenbarung

Auch wenn die Konfliktparteien oft mit vorbereiteten Stellungnahmen und Argumenten in die Klärung gehen, ist es ratsam, im Gespräch eine Selbstklärungsphase, bestehend aus einer »Selbstbesinnung« sowie einer »Selbstoffenbarung«, einzuplanen. Die Konfliktparteien sind hier aufgefordert, 10 bis 15 Minuten lang für sich zu prüfen, wie sie zu den Fragen auf den Innenseiten des VerständigungsWürfels im Hinblick auf die Sache, das heißt die gemeinsame Zusammenarbeit, stehen:

- Welche Stimmen melden sich in mir zu dieser Sache?
  Oder anders gefragt: Welche Stimmen melden sich in mir, wenn ich an unsere Zusammenarbeit denke?
- Wie stehe ich zum anderen und zu unserer Beziehung?
  Oder: Was halte ich vom anderen? Wie gehen wir miteinander um?

Wie erlebe ich den Führungsstil des anderen bzw. wie führe ich den anderen?

- Was bedeutet mir die Sache?
  Oder: Was bedeutet mir unsere Zusammenarbeit? Welche konkreten positiven und negativen Beispiele fallen mir dazu ein? Welche gemeinsamen Erfolge, aber auch welche Störungen, Missverständnisse und Konflikte sind für mich von Bedeutung?
- Was bin ich bereit zu geben?
  Oder: Was will ich in unserer Zusammenarbeit zum Guten hin verändern? Und was will ich in diesem Gespräch – und auch danach! – dazu beitragen?

Diese Vorgehensweise zielt weniger darauf, mit sich selbst ins Reine zu kommen. Das wäre in einem Konfliktgespräch, in dem die Teilnehmer vermutlich anfangs nervös, angespannt oder innerlich aufgewühlt sein werden, und angesichts der Kürze der zur Verfügung stehenden Zeit kaum möglich. Vielmehr verfolgt dieses Vorgehen den Zweck, Themen zu sammeln und im zweiten Schritt zu strukturieren, um dann eine Agenda zu erstellen. Es hat außerdem den entscheidenden Vorteil, dass durch den vorübergehenden Rückzug in die Selbstbesinnung im Beisein des anderen das Konfliktgespräch entschleunigt wird. Die Konfliktparteien gehen zunächst einmal in sich, statt sofort mit Vorwürfen und Rechtfertigungen loszulegen. Auf diese Phase der inneren Sammlung sollte daher nicht verzichtet werden.

Was die Teilnehmer davon später offenbaren und wie viel Transparenz sie tatsächlich zulassen, entscheidet jeder für sich. Das ist auch eine Sache des Fingerspitzengefühls: Wie viel Wahrheit und Authentizität ist zur Klärung des Konflikts nötig, ohne die Beziehung zum anderen – mit dem es eine Verständigung zu erzielen gilt – zusätzlich zu gefährden? Um in diesem Sinne stimmig zu kommunizieren, kann sich jeder dazu – angeleitet durch die Fragen auf den Außenseiten des VerständigungsWürfels – Notizen machen: Was will ich über den anderen und unsere Beziehung sagen? Was will ich von mir selbst mitteilen? Was will ich zur Sache sagen? Was will ich vom anderen? – Die Beteiligten können aber auch über den Appell an den anderen hinaus die Bereitschaft zu eigenem Engagement zu erkennen geben (rot innen).

In professionell moderierten Konfliktgesprächen ist der Teil der Selbstklärung eine der aufschlussreichsten Klärungsphasen, in der die Teilnehmer dem Moderator und der anderen Konfliktpartei jeweils ihre Sicht der Dinge offenbaren. Fehlt der externe Moderator, so ist in dieser Phase die Disziplin der Konfliktparteien ganz besonders gefragt. Einer schildert das, was er sich bei seiner Selbstbesinnung notiert hat, der andere hört aktiv zu. Fragen und Interventionen zum besseren Verständnis sind erlaubt – »Das habe ich jetzt nicht ganz verstanden. Könntest du das bitte nochmals erklären?« –, nicht erlaubt sind jedoch in dieser Phase Kommentare, Ergänzungen, die Wiedergabe eigener Standpunkte oder gar die Übernahme der Gesprächsführung. Denn das wesentliche Ziel dieses Teils der Selbstklärung ist, seine eigene Wahrheit der Situation so verständlich zu machen, dass mein Gegenüber mich versteht (vgl. Thomann, 2008, S. 129). Punkte, zu denen ich als Zuhörer dem anderen etwas entgegnen will sowie Schlüsselsätze des anderen werden auf (weißen) Moderationskarten notiert. So entsteht im Lauf der Selbstklärung auf beiden Seiten ein Inventar an Punkten, über die sich die Parteien in der Dialogphase noch austauschen können.

5.4 Der Dialog der Wahrheiten

Das Besondere bei der Konfliktklärung in eigener Sache ist, dass die beiden Konfliktparteien auf der Grundlage der in der Selbstklärungsphase gesammelten Themen gemeinsam eine Tagesordnung für ihren Dialog erstellen, den sie selbst moderieren. Sie sortieren die Themen am Flipchart mit Hilfe von farbigen Überschriftenkarten und priorisieren sie – den VerständigungsWürfel gegen den Uhrzeigersinn drehend – wie folgt:

- rot: Akutes, das als Erstes besprochen wird (z. B. unerfüllte Forderungen oder Erwartungen),
- gelb: Beziehungsthemen (z. B. Kommunikation untereinander),
- grün: persönliche Themen (z. B. alleinerziehend, Pflegefall in der Familie),
- blau: Sachthemen (z. B. Projektabläufe, Abteilungsschnittstellen).

Im Zweifel bei der Festlegung der Reihenfolge gilt: guten Willen zeigen und somit einer Verständigung, die im besten Fall das Ergebnis des Klärungsgesprächs ist, Vorrang vor der eigenen Auffassung und den eigenen Interessen einräumen.

Der Dialog der Wahrheiten ist das Herzstück des Klärungsgesprächs und nimmt ungefähr die Hälfte der Gesamtgesprächszeit ein. Ziel dieses Gesprächsteils ist es zu verstehen, wie und warum die Beziehung so ist, wie sie ist – was in einem selbst moderierten Dialog eine echte Herausforderung sein kann. Ein ebenso einfaches wie wirksames Mittel hat sich hier als hilfreich erwiesen. Sobald einer der Gesprächspartner zu Ende gesprochen hat, lädt er den anderen durch Dialogisieren zu einer eigenen Stellungnahme ein: »Was sagst du dazu?« (vgl. → Teil A, 3.3), »Wie siehst du das?« oder »Wie hast du die Situation erlebt?«.

Diese Sätze sind ein Signal an mein Gegenüber, dass mir das, was er zu sagen hat, wichtig ist. Konsequent angewendet beuge ich so der Unart vor, dass sich die Parteien gegenseitig ins Wort fallen und der Konflikt dadurch eskaliert. Das Gespräch über den Konflikt wird indes verlangsamt. Indem den Aussagen des anderen ausdrücklich Raum gegeben wird, können die Konfliktparteien zu Konfliktpartnern werden, die daran interessiert sind, das Problem, das sie miteinander haben, auch miteinander zu lösen. Sie ebnen sich somit über den Weg der Klärung hinaus gegenseitig den Weg zu einer Verständigung.

Wie diese Verständigung gelingen kann, darauf verweist auch in diesem Fall die Deckelinnenseite des VerständigungsWürfels. Sie stellt das »methodische Merkblatt« für den Dialog dar. Es gilt, eine innere Haltung gegenüber dem anderen einzunehmen, die von Wohlwollen statt Missgunst, Toleranz statt Abwehr, Respekt statt Rechthaberei und Selbsterkenntnis statt Anklage geprägt ist. Dabei hilft die Technik des Doppelns. Das heißt, ich wiederhole das, was mein Gegenüber vermeintlich gesagt hat, auf einer der vier Seiten des VerständigungsWürfels. Damit kann ich überprüfen, ob ich den anderen inhaltlich richtig verstanden habe. Das wiederum ist an dessen Reaktion auf meine Aussage zu erkennen, die auch als Frage intoniert oder mit einem »Stimmt's?« ergänzt werden kann. Als Sonderform des aktiven Zuhörens ermöglicht das Doppeln, auch schwierige und schmerzhafte Gefühle auszudrücken. Somit wirkt es einer Eskalation entgegen.

In extern moderierten Prozessen übernimmt der Klärungshelfer das Klären und Doppeln auf den vier Seiten des VerständigungsWürfels bzw. auf den vier potenziellen Bedeutungsebenen einer Aussage: Er stellt oder hockt sich abwechselnd neben die Konfliktparteien und teilt an deren Stelle in Ich-Form mit, was die betreffende (»gedoppelte«) Person jeweils denkt oder fühlt (vgl. Thomann, 2008, S. 149 ff.). In der Konfliktklärung in eigener Sache übernehmen die Konfliktparteien selbst das Klären und Doppeln. Sie bringen in Du-Form das vor, was die Konfliktpartei gedacht, geglaubt, gefühlt oder gar unterstellt haben mag, ohne es freilich explizit auszusprechen. Dies kann natürlich angesichts der eigenen inneren Beteiligung recht anspruchsvoll sein.

Mitarbeiter: Ich hätte noch Informationen zu dem Projekt gebraucht, um so weiterarbeiten zu können, wie du es von mir erwartest.
Der Vorgesetzte klärt in drei Stufen - auf der Sachseite, auf der Beziehungsseite und auf der Seite der Selbstaussageseite des VerständigungsWürfels.
Vorgesetzter: Um welche Informationen geht es dir genau?
Mitarbeiter: Zum Beispiel die Ergebnisse des ersten Versuchs, um sie mit den Daten aus dem zweiten Versuchsaufbau abgleichen zu können.
Vorgesetzter: Und du machst mich dafür verantwortlich, dass du diese Informationen nicht bekommen hast?
Mitarbeiter: Immerhin bist du mein Chef. Du hättest die Informationen doch haben müssen.
Vorgesetzter: Und du glaubst, ich hätte sie dir absichtlich vorenthalten. Stimmt's?
Mitarbeiter: Na ja - es ist ja in letzter Zeit öfter mal vorgekommen, dass Infos nicht bei mir angekommen sind und ich nicht auf dem Verteiler stand.
Vorgesetzter: Du fühlst dich also übergangen (?)
Mitarbeiter: Ja - manchmal schon.
Vorgesetzter: Und gekränkt.
Antwort des Mitarbeiters: Ja.
Vorgesetzter: Und dadurch fühlst du dich demotiviert.
Mitarbeiter: Ja - genau.

Der Vorgesetzte klärt die Situation nacheinander auf drei Seiten des VerständigungsWürfels. Er hinterfragt und doppelt auf der Beziehungsseite, wie sein Mitarbeiter zu ihm steht und wie er die Beziehung zu ihm erlebt, statt sich beispielsweise zu rechtfertigen und ihm zu erklären, warum er die Daten nicht an den Mitarbeiter weitergegeben hat. Und er versucht auf der Selbstaussageseite zu erfassen, wie es dem Mitarbeiter tatsächlich geht – jenseits dessen, was dieser von sich aus explizit sagt. Schließlich trifft er gerade dadurch den Nagel auf den Kopf. Indem der Chef den wunden Punkt des Mitarbeiters zur Sprache bringt, vermag er ihm Verständnis und auch Einfühlungsvermögen zu zeigen. Und er kann ihm genau an dieser Stelle auf derselben Ebene begegnen. Er kann sein persönliches Bedauern ausdrücken und versuchen, den Schaden auf der Beziehungsebene zu begrenzen:

> Es tut mir leid. Das war mir bis zu diesem Gespräch gar nicht bewusst. Ich wollte dich nicht kränken.

Ist ein Verständnis auf dieser Ebene erreicht, erleben dies die Konfliktparteien häufig so, als sei das Eis zwischen ihnen gebrochen. Wo früher Verhärtung und Abwehr vorherrschten, wird jetzt wieder eine Annäherung möglich – der erste Schritt zur Verständigung. Wer das Gefühl hat, vom anderen in seinem Wesen verstanden und gewürdigt zu werden, ist auch eher bereit, die Hand auszustrecken und mit ihm zu kooperieren.

Wenn der Vorgesetzte im genannten Beispiel seinen Mitarbeiter in seinen Nöten wahrnimmt und er diese ernst nimmt, bringt er ihm auf menschlicher Ebene Anerkennung entgegen. Er erfüllt somit eine wesentliche Führungsaufgabe. Das war für den Mitarbeiter zuvor nicht spürbar und eine Ursache seiner Demotivation. In einer Aussprache, in der sich beide jenseits ihrer professionellen Rollen mit ihren Schwächen, Empfindlichkeiten und vielleicht auch Unzulänglichkeiten zeigen, kann gegenseitiges Verständnis entstehen. Im besten Fall löst sich bereits dadurch ein Großteil der Spannungen auf.

Über eine solche Beziehungsklärung hinaus gilt es dann gemeinsam herauszufinden, ob es auch persönliche Gründe gibt, die motivationsfördernde Maßnahmen notwendig erscheinen lassen (z. B. ein Mitarbeitercoaching) oder ob im Arbeitsumfeld Veränderungen angezeigt sind (z. B. ein anderer Tätigkeitsschwerpunkt, eine neue Aufgabenverteilung im Team oder eine optimierte materielle Arbeitsausstattung). Der Dialog endet, wenn auf diese Art alle auf dem Flipchart gesammelten und vorsortierten Themen abgearbeitet wurden und/oder die für den Dialog anberaumte Zeit abgelaufen ist.

5.5 Metakommunikation und Verständigung auf Maßnahmen

Nach Abschluss des Dialogs empfiehlt sich ein distanzierter, übergeordneter Blick auf den Gesprächsverlauf, eine gegenseitige Aufforderung zum Feedback, sozusagen eine neue Gesprächsrunde, an deren Anfang wieder die Frage steht: Was ist unsere jeweilige Wahrheit der Situation jetzt? Oder: Wo stehen wir jetzt im Vergleich zum Beginn des Gesprächs? Wie ist das Gespräch verlaufen? Was hat sich verändert zwischen uns?

Auch hier gilt: Disziplin wahren. Erst spricht der eine und schildert seine Perspektive, dann der andere. Es ist eine Phase, in der bei einem extern moderierten Konfliktgespräch der Klärungshelfer oder Mediator häufig den Konfliktfall aus seiner Perspektive erklärt. Im selbstmoderierten Konfliktgespräch liegt der Fallstrick dort, wo die Gesprächspartner im Nachhinein wieder in den Strudel des Konflikts geraten und sich erneut die Schuld für Dinge zuweisen, die inzwischen als geklärt galten: »Also es war halt einfach so, dass du dich nie an die Vereinbarungen gehalten hast, das hat mich wütend gemacht, und so ist unser Konflikt entstanden.« Tritt dies am Ende der Dialogphase auf, kann es ein Hinweis darauf sein, dass der Konflikt noch nicht vollständig beigelegt ist bzw. eine Verständigung noch nicht stattgefunden hat. Es ist daher wichtig, auch ein Nachgespräch ins Auge zu fassen, um zu überprüfen, wie sich einige Tage oder auch Wochen später das Verhältnis zueinander darstellt. Zum vorläufigen Gesprächsabschluss jedoch konzentrieren sich die Beteiligten im Idealfall darauf, was im Gespräch gut gelaufen und erreicht worden ist. Sie halten sich bei ihren Rückmeldungen an den VerständigungsWürfel wie in → Teil A, Kapitel 3.3 beschrieben: erst eine wohlwollende Aussage auf der Beziehungsseite, dann eine Selbstmitteilung, gefolgt von einer sachlichen Aussage, gefolgt von einem Appell.

> Ja – ich glaube ich verstehe dich jetzt besser. Mich hat das allerdings alles ziemlich angestrengt. Und einige der hier aufgeführten Punkte konnten wir auch noch gar nicht besprechen. Wir sollten daher unbedingt einen weiteren Termin vereinbaren, an dem wir die noch ausstehenden Punkte klären können.

Natürlich ist diese Form des Feedbacks keinesfalls vollständig. Auch wird es kaum so idealtypisch und schematisch gemäß den vier Seiten des VerständigungsWürfels ausfallen wie hier beschrieben. Kommunikation ist eine lebendige Angelegenheit. Ein einzelner Satz vermag zuweilen mehrere Seiten des VerständigungsWürfels betreffen, Übergänge zwischen den Seiten können fließend sein. Worauf es auch im Konfliktfall ankommt, wenn es gilt, eine Verständigung zu erzielen, ist neben der inneren und äußeren Klarheit in erster Linie das Prinzip der Wertschätzung.

Darüber hinaus ist es am Ende des Gesprächs obligatorisch, Ergebnisse zusammenzufassen und Maßnahmen für die weitere Zusammenarbeit zu planen: Worin sind wir uns einig? Was ist noch offen? Was ist als Nächstes zu tun? Wer macht was – bis wann? Wie überprüfen wir, dass wir uns an unsere Abmachungen gehalten haben? Es empfiehlt sich, diese Punkte schriftlich und für beide nachvollziehbar – zum Beispiel am Flipchart – festzuhalten. Nicht zu vergessen ist die Frage: Wann wollen wir die noch offenen Punkte wieder aufgreifen und besprechen? Gibt es jemanden, den wir über die Ergebnisse dieses Gesprächs informieren sollten? Und wenn ja: wen? Und was sagen wir in diesem Fall zur Sache sowie über uns und unsere Beziehung? Gibt es einen Appell, den wir mit unserer Information verknüpfen sollten? Das heißt, auch an dieser Stelle kann der VerständigungsWürfel die Kommunikation strukturieren.

Das Konfliktgespräch endet dann, wenn über alle offenen Punkte eine Vereinbarung getroffen werden konnte. Und wer bei einem Konfliktgespräch bis hierhin gekommen ist, der wird sich erfahrungsgemäß gut auf die Lösung ganz praktischer Fragen einigen und eine alltagstaugliche Verständigung erzielen können. Eingebunden in die gewohnten Strukturen des Arbeits- aber auch des Privatlebens wird sich bei einer Erfolgskontrolle vielleicht herausstellen, dass wir in alte Verhaltensmuster verfallen und dass einige der getroffenen Vereinbarungen nur mit Verzögerung eingehalten werden können oder nachzukorrigieren sind. Verständigung ist nicht in Stein gemeißelt und daher nicht auf Dauer angelegt. Doch im Idealfall ist Verständigung das angestrebte Ziel jedes klärenden Konfliktgesprächs: Sie ist beruflich wie privat meist die kostengünstigere und effizientere Lösung im Vergleich zur Trennung. Sie ist nicht zuletzt die Grundlage für ein friedliches Miteinander – in welchem Umfeld auch immer. Schließlich ist festzuhalten: Verständigung ist ein stets von neuem beginnender Prozess und zugleich das Ziel. Verständigung. Man muss es wollen.

Glossar

Im folgenden Glossar sind einige zentrale Begriffe so definiert, wie sie im Begleitbuch zum VerständigungsWürfel sowie in meinen Seminaren mit dem VerständigungsWürfel benutzt werden.

Anliegen
Ein Anliegen formuliert die persönliche Wahrheit der Situation zu einer bestimmten Sache als Ergebnis einer vorangegangenen Selbstklärung. Wenn ich ein Anliegen habe, dann bin ich mir über meine Situation, über meine Motivation für eine Verständigung mit einer anderen Person, über meine Rolle und Beziehung zum anderen sowie über das Verständigungsziel im Klaren.

Dialog der Wahrheiten
Jede Betrachtung einer Sache kann von unterschiedlichen Perspektiven aus stattfinden. Davon abhängig unterscheidet sich die Wahrheit des jeweiligen Betrachters von einem anderen Betrachter. Ein Dialog zu einer bestimmten Sache kann daher als Dialog unterschiedlicher Wahrheiten aufgefasst werden.

Dialogisieren
Dies bedeutet, den anderen zur Stellungnahme einladen, beispielsweise mit der Formulierung: »Was sagst du dazu?« Alternativen sind: »Was hältst du davon?«, »Wie findest du das?«– im Hinblick auf eine abschließende Verständigung auch: »Findet dieser Vorschlag deine Zustimmung?«, »Können wir das so festhalten?«

Doppeln

Beim Doppeln drücke ich etwas aus, was eine andere am Gespräch beteiligte Person selbst nicht explizit sagt – vielleicht aus Mangel an Mut, aus Angst, Unsicherheit oder falsch verstandener Höflichkeit –, aber erkennbar meint. In Konfliktklärungsprozessen, die von einem Klärungshelfer oder Mediator moderiert werden, wird meist in »Ich-Form« gedoppelt. Der Klärungshelfer stellt oder hockt sich neben eine der beiden Konfliktparteien und sagt an ihrer Stelle das, was diese denkt oder fühlt, zur anderen Konfliktpartei. »Ich halte dich für verantwortlich für diesen Fehler.« Dies tut er, weil er davon ausgeht, dass die gedoppelte Person genau das sagen will, sich aber – möglicherweise – nicht traut. Das Doppeln kann auch in der Du-Form stattfinden, beispielsweise, wenn es darum geht, auf einer der vier Seiten des VerständigungsWürfels etwas zu klären. Einer der Gesprächspartner sagt dann selbst zu seinem Gegenüber das, was dieser wohl meint, aber nicht explizit ausdrückt – zum Beispiel auf der Beziehungsseite: »Du machst mich für diesen Fehler verantwortlich. (?)« oder auf der Appellseite: »Du willst, dass ich diesen Job für dich erledige. (?)«. Durch eine fragende Haltung oder durch das Hinzufügen einer Frage wie »Stimmt's?« oder »Stimmt das so?« und die Reaktion des anderen darauf kann die eigene Vermutung überprüft werden.

Inneres Team

Mit dem Inneren Team sind die Persönlichkeitsanteile gemeint, die sich im Rahmen der Selbstklärung zu einem bestimmten Thema als innere Stimmen in mir melden. Das Innere Team ist sozusagen mit dem Blick in den VerständigungsWürfel und mit der Frage auf dessen grüner Innenseite abrufbar: »Welche Stimmen melden sich in mir zu dieser Sache?«

Klären

Das Klären zielt darauf, Klarheit in Bezug auf die Wahrheit der Situation des Gesprächspartners herzustellen. Was er sagt, wird mit Fragen und Schlussfolgerungen überprüft, die alle vier Seiten des Verständigungs-Würfels betreffen können. Klären ist eine Präzisionstechnik des aktiven Zuhörens. Sie zielt auf eine Klarheit, die kein Wert an sich, sondern die Voraussetzung für besseres Verstehen und somit für die Verständigung ist.

Kommunikation
Kommunikation meint allgemein einen Transfer von Informationen. Ich begreife Kommunikation als Beziehungsangebot, das einseitig bleiben kann, aber nicht muss (wenn dieses Angebot durch eine Rückmeldung angenommen wird). Wenn ich beispielsweise eine Nachricht auf einem Anrufbeantworter hinterlasse, so findet Kommunikation statt. Ein Verständigungsprozess beginnt hingegen erst, wenn sich der Adressat beim Anrufer zurückmeldet und auf das Beziehungsangebot mit einer eigenen Stellungnahme eingeht.

Kompromiss
Der Begriff Kompromiss bezeichnet eine Ergebnisqualität einer Verständigung. Der Kompromiss ist rational dominiert oder vernunftgesteuert. Er geht meist darauf zurück, dass aufgrund eines vordringlichen Ziels mehr Zugeständnisse in Kauf genommen werden, als emotional vertretbar ist. Ein Kompromiss ist daher emotional häufig wenig zufriedenstellend – also höchstens eine zweitbeste Lösung.

Konsens
Der Begriff »Konsens« bezeichnet eine Ergebnisqualität der Verständigung. Konsens bedeutet Einigkeit oder Einigung und kann synonym mit dem Wort »Verständigung« benutzt werden.

Übereinkunft
Synonym für Einigung, Verständigung, Konsens.

Verhandlung
Der Begriff »Verhandlung« bezeichnet eine mögliche Prozessqualität der Verständigung. Bei der Verhandlung geht es um einen Interessenausgleich zweier Gesprächspartner, vorwiegend bezogen auf Sachthemen, beispielsweise finanzielle, juristische oder politische Themen. Der Aspekt von Tausch und Handel rückt dabei in den Mittelpunkt: Leistung und Gegenleistung sollen im Wert einander möglichst entsprechen. Je nachdem, wie viel Druck auf den Verhandlungspartner ausgeübt wird, damit dieser eine bestimmte Forderung erfüllt, kann sie den Charakter einer »harten« Verhandlung annehmen und sich zunehmend von einer friedlichen Verständigung entfernen.

Verständigung

Verständigung kommt in der Kommunikation nur dort in Gang, wo mir mein Gegenüber eine Rückmeldung gibt, die mich zur Fortführung des Dialogs einlädt. Verständigung als Prozess braucht also eine Reaktion des Gegenübers, die zu erkennen gibt, dass der andere bereit ist, auf mich einzugehen. Verständigung dient der Definition eines gemeinsamen Ziels, das unterschiedliche Interessen auf friedliche und für alle Seiten zufriedenstellende Art ausgleicht. Insofern ist Verständigung ein ziel- und konsensorientierter Prozess und Feedback ist eine der zentralen Gesprächstechniken dieses Prozesses. Darüber hinaus bezeichnet der Begriff »Verständigung« das Ergebnis dieses Prozesses in Form einer Einigung oder Übereinkunft. Sie zeichnet sich durch ein emotional-rationales Gleichgewicht aus und ist insofern in jeder Hinsicht zufriedenstellend.

Verständigungskompetenz

Verständigungskompetenz meint die Fähigkeit, ziel- und konsensorientiert zu kommunizieren. Mit anderen Worten: die eigenen Ziele umzusetzen und zugleich die Interessen des anderen zu berücksichtigen.

Verständigungsprozess

Der Verständigungsprozess ist der Teil der ziel- und konsensorientierten Kommunikation, der einer abschließenden Einigung vorausgeht. Es ist der Weg zum Erreichen des Verständigungsziels. Im Verlauf des Verständigungsprozesses gleichen die Gesprächspartner durch Anwendung von ziel- und konsensorientierten Gesprächsmethoden und -techniken ihre Positionen miteinander ab und sind bestrebt, diese im Hinblick auf das gemeinsame Verständigungsziel miteinander in Einklang zu bringen.

Verständigungsmanagement

Eine gelungene Verständigung setzt die Anwendung einer Vielzahl geeigneter Techniken voraus. Verständigungsmanagement meint die Fähigkeit, jederzeit die jeweils passende Auswahl zu treffen und damit seine Verständigungskompetenz praktisch anzuwenden, das heißt ziel- und konsensorientiert zu kommunizieren. Zugleich ist mit Verständigungsmanagement das Trainingskonzept zum Einsatz des VerständigungsWürfels gemeint.

Verständigungsrahmen

Mit meinem Anliegen stecke ich den Verständigungsrahmen für ein anstehendes Gespräch ab. Damit kommt zum Ausdruck, dass ich mir über meine Situation im Klaren bin; zudem stelle ich damit Transparenz her und mache meine Motivation für eine Verständigung, meine Rolle und meine Beziehung zu meinem Gesprächspartner sowie mein Ziel klar.

Verständigungsziel

Das Verständigungsziel ist das angestrebte Ergebnis eines Verständigungsprozesses. Dieses Ziel kann vorgegeben sein oder von einem der beiden Gesprächspartner vorgeschlagen werden. Es kann im Lauf eines Gesprächs von beiden Gesprächspartnern gemeinsam herausgefunden und als erstrebenswert definiert werden. Das Verständigungsziel berücksichtigt die Interessen aller beteiligten Gesprächspartner. Es kann in Folge einer ziel- und konsensorientierten Kommunikation erreicht werden, wenn jeder der Gesprächspartner einen persönlichen Einsatz bringt (Zeit, Aufmerksamkeit, finanzieller und anderer materieller Aufwand usw.) und aus dem Ergebnis einen Nutzen zieht.

Wahrheit der Situation

Zu Beginn jeder Entscheidungs- und Gesprächsvorbereitung steht die Frage: »Was ist jetzt meine Wahrheit der Situation?« Die Frage zielt darauf, die Vorgeschichte einer Situation zu erfassen, das heißt alle zwischenmenschlichen und thematischen Aspekte sowie meine Motivation und meine Ziele (nach Möglichkeit auch die bisher noch unbewussten). Zu Beginn einer Gesprächsvorbereitung oder Entscheidungsfindung ist die Wahrheit der Situation häufig nur recht vage beschreibbar – beispielsweise als Anlass, der eine Selbstklärung auslöst. Als Folge einer Selbstklärung sollte die Frage nach der Wahrheit der Situation präzisiert und in Form eines Anliegens formuliert werden können.

Literatur

Dujmić-Erbe, D. (2012). Wie der Würfel fällt. Über die Kunst, sich zu entscheiden. Kommunikation & Seminar, 2, 25–27.

Kalnins, M., Röschmann, D. (2008). Icebreaker. Wege bahnen für Lernprozesse. Hamburg: Windmühle Verlag.

Kindl-Beilfuß, C. (2011). Fragen können wie Küsse schmecken. Systemische Fragetechniken für Anfänger und Fortgeschrittene (3. Aufl.). Heidelberg: Carl-Auer Verlag.

Neumann, E., Heß, S., Trainernetzwerk study & train (2007). Mit Rollen spielen. Rollenspielsammlung für Trainerinnen und Trainer (2. Aufl.). Bonn: managerSemiare.

Prior, C. (2012). Teamgespräche. Führungskräfteentwicklung, Konfliktprävention und Motivationsförderung durch institutionalisierte Metakommunikation im Team. Konfliktdynamik. Verhandeln, Vermitteln und Führen in Organisationen, 1 (1), 36–45.

Schroll-Machl, S. (2013). Die Deutschen – Wir Deutsche. Fremdwahrnehmung und Selbstsicht im Berufsleben (4. Aufl.). Göttingen: Vandenhoeck & Ruprecht.

Schlippe, A. von, Schweitzer, J. (2010). Systemische Interventionen. Göttingen/München: Vandenhoeck & Ruprecht/UTB.

Schulz von Thun, F. (2006). Praxisberatung in Gruppen. Erlebnisaktivierende Methoden mit 20 Fallbeispielen (6. Aufl.). Weinheim u. a.: Beltz.

Schulz von Thun, F. (2008a). Miteinander reden 1: Störungen und Klärungen. Allgemeine Psychologie der Kommunikation (Sonderausgabe). Reinbek: rororo.

Schulz von Thun, F. (2008b). Miteinander reden 2: Stile, Werte und Persönlichkeitsentwicklung. Differentielle Psychologie der Kommunikation (Sonderausgabe). Reinbek: rororo.

Schulz von Thun, F. (2008c). Miteinander reden 3: Das »Innere Team« und situationsgerechte Kommunikation (Sonderausgabe). Reinbek: rororo.

Thomann, C., Schulz von Thun, F. (2007). Klärungshilfe 1: Handbuch für Therapeuten, Gesprächshelfer und Moderatoren in schwierigen Gesprächen (4. Aufl.). Reinbek: rororo.

Thomann, C. (2008). Klärungshilfe 2: Konflikte im Beruf (3. Aufl.). Reinbek: rororo.

Thomann, C., Prior, C. (2007). Klärungshilfe 3: Das Praxisbuch. Reinbek: rororo.

Weisbach, C.-R. (2004). Gekonnt kontern. Wie Sie verbale Angriffe souverän entschärfen. München: dtv.

Weisbach, C.-R., Sonne-Neubacher, P. (2008). Professionelle Gesprächsführung. Ein praxisnahes Lese- und Übungsbuch (7. Aufl.). München: dtv.

Danksagung

Friedemann Schulz von Thun danke ich sehr herzlich – für alles, was ich bei ihm lernen durfte, sowie für sein wohlwollendes Geleitwort.

Der Auseinandersetzung mit Christoph Thomann und der Klärungshilfe verdanke ich entscheidende Impulse für mein Konzept des Verständigungsmanagements, das Klarheit als Voraussetzung und Verständigung als Ziel definiert.

Meinen Seminar- und Workshopteilnehmern, meinen Coachees und allen Kollegen danke ich für die vielfältigen Inspirationen und Fallbeispiele, die sie mir vertrauensvoll zur Verfügung gestellt haben.

Darüber hinaus gilt mein Dank den Menschen, die dafür gesorgt haben, dass aus meinem Manuskript dieses Begleitbuch zum VerständigungsWürfel in seiner jetzigen Form entstanden ist: meinem Lehrer in der systemischen Coaching- und OE-Ausbildung Jochen Schweitzer, meinen Schweizer Trainerkollegen Roland Christen und Franziska Widmer-Nötzli, Conny Wetter-Schwegler von der Neuland AG Schweiz, dem Verlagsexperten Johannes Laible, meiner persönlichen Redaktionsbeirätin Regine Rachow, dem gesamten Team des Verlags Vandenhoeck & Ruprecht – vor allem Sigrid Rätzer (SchwabScantechnik) für die optisch ansprechende Textgestaltung, Sandra Englisch für die behutsame Textpolitur und Günter Presting für sein Vertrauen in dieses Werk, sein stets offenes Ohr und sein Verständnis für meine Autorenwünsche.

Zu guter Letzt danke ich meinem Mann Karl Dieter Erbe. Ohne ihn gäbe es weder den VerständigungsWürfel noch dieses Buch, das er in allen Phasen seiner Entstehung mit größter Geduld sowie mit Rat und Tat unterstützt und mit vielen eigenen Erkenntnissen zum Thema bereichert hat.

Autorenkontakt

Ich freue mich sehr, wenn Sie Kontakt mit mir aufnehmen!

Wenn Sie mir Feedback und Anregungen zum VerständigungsWürfel und zu diesem Buch zukommen lassen möchten, wenn Sie Würfel bestellen wollen oder Anfragen zu Inhouseseminaren, Trainer- und Lehrerschulungen sowie maßgeschneiderten Workshops haben, so schreiben Sie mir einfach eine E-Mail.

Benennen Sie bitte Ihr Anliegen bereits in der Betreffzeile eindeutig (z. B. Feedback, Bestellung VerständigungsWürfel, Seminaranfrage) und schicken Sie Ihre Nachricht an folgende Adresse:
dialog@verstaendigungsmanagement.de

Aktuelle Informationen finden Sie unter:
www.verstaendigungsmanagement.de